『우리는 모두 씨앗이다』를 먼저 읽은 숲교육전문가의 서평

아름다운 문장은 눈을 멈추게 하고, 과학적 설명은 뇌를 일으키며, 철학적 사유는 심장을 흔든다. 책을 읽는 내내, 마치 종합병원에 머무는 듯했다. 씨앗 한 알에서 시작된 저자의 글은 독자를 섬세하게 살피며, 배움과 치유를 함께 전한다.
정미현, 유아숲지도사

중학생이 되는 아이에게 이 책을 선물하고 싶다. 상수리 씨앗처럼 몸의 작은 변화, 새로운 친구와의 만남, 환경의 영향 등으로 마음이 흔들릴 때 산할아버지의 편지가 큰 버팀목이 되어 주기를 바란다.
이아현, 숲해설가

한 문장, 한 문장이 마치 수채화처럼 펼쳐진다. 자연과 삶, 그리고 지혜가 어우러진 이 책은 읽는 이로 하여금 마음속에 잔잔한 숲을 심어 주는 선물 같은 작품이다. 김지영, 숲해설가 서로 다른 속도로 채워지는 숲의 모습이 인상 깊었다. 완벽한 때를 갖춰야 한다는 압박감이 일단 한 걸음 내딛어도 된다는 용기로 바뀌었다. 완벽함에 지치고 더딤에 움츠러든 어깨를 다독여 주는 책이다. **김지은, 유아숲지도사**

겉보기에는 메마르고 건조해 보이는 씨앗이지만, 저자는 그 안에 잠재된 생명력을 이야기한다. 작은 씨앗 한 알이 숲에서 성장하며 질서를 배우고 균형을 이루어 간다. 그 모습이 우리의 삶과 닮았다는 사실을 깨달았다. **윤혜선, 숲해설가**

다름과 차이를 공존과 조율의 '풍경'으로 만드는 책. 우리는 어느새 숲속으로 이끌려 와, 바람과 햇살이 빚어내는 시간의 박자에 따라 생명의 춤을 추게 될 것이다. **황병윤, 숲해설가**

나의 굴참나무,
그녀의 잠든 자리에서 다시 싹틀 꿈으로 바칩니다.

We are all Seeds.
Each blooming in our own time.

Wir sind alle Samen.
Jeder blüht zu seiner Zeit.

Written by Dr. Hyochang Nam
Published by BOOK OF LEGEND Publishing Co., 2025.

우리는 모두 씨앗이다

저마다의 속도로 숲을 향해 피어나는

남효창 지음

프롤로그
우리는 모두 씨앗입니다

숲을 오래 바라보며 살아 왔습니다. 식물학자의 눈으로는 씨앗의 구조와 발달을, 생태학자의 눈으로는 숲의 관계와 흐름을 읽었습니다. 그러나 어느 순간 알게 되었습니다. 씨앗은 단순히 식물의 시작점이 아니었습니다. 씨앗은 숲과 계절, 그리고 인간과 문명을 잇는 가장 작은 다리였습니다.

작은 씨앗 하나에는 수많은 계절이 접혀 있습니다. 빛으로 만든 당과 저장된 기름, 계절을 재는 보이지 않는 시계. 그 안에는 미래를 향해 미리 처러 둔 담백하면서도 치열한 계산이 숨어 있습니다.

우리의 삶 또한 씨앗의 그림자를 안고 있습니다. 벼와 밀, 옥수수는 농경과 도시를 열었고, 향신료의 씨앗은 바다의 길을, 목화는 공장의 시간을 열었습니다. 우리가 씨앗을 길렀다고 믿지만, 어쩌면 씨앗이 우리를 길들여 함께 세상을 건너온 것인지도 모릅니다.

씨앗은 식물에만 있지 않습니다. 곤충의 알, 새의 알, 사람의 배아—모두가 기다림 속에서 때를 준비합니다. 단단히 감추었다가, 문지방을 넘는 순간을 향해 나아가는 것. 저는 그것을 '씨앗의 형식'이라 부르고 싶습니다.

『우리는 모두 씨앗이다』는 씨앗을 따라 숲을 읽고, 생명을 해석하며, 결국 우리의 길을 다시 묻는 기록입니다. 측정과 실험의 언어를 빌리되, 그 너머에 깃든 상징과 서사를 잃지 않으려 했습니다. 왜냐하면 씨앗은 과학과 인문이 만나는 가장 깊은 자리에 서 있기 때문입니다.

독자 여러분께 바라는 것은 단 하나입니다. 책장을 덮으신 뒤, 숲길에서 만나는 작은 씨앗 하나가 더 이상 무심한 알갱이로 보이지 않기를 바랍니다. 그 안에서 언젠가의 시간, 어디선가의 자리, 그리고 누군가를 향한 약속이 들리기를 바랍니다.

이 책이 여러분의 손에 놓인 작은 씨앗이 되었으면 합니다. 지금은 조용히 숨 쉬고 있지만, 언젠가 여러분의 계절 속에서 싹을 틔우고 나무가 되어, 삶을 비추는 이야기가 되기를 소망합니다. 살아남는 것보다 더 깊은 것은, 무엇을 남기는가 하는 물음입니다. 그 물음을 함께 품으며, 이 길을 시작합니다.

2025년 10월, 마인바움

남 효 창

목 차

프롤로그 우리는 모두 씨앗입니다   4

1부 씨앗이 깨어나는 시간
숲을 품은 존재를 만나다

여는 글	12
결단 _ 낙엽을 뚫고 나온 존재	15
다름 _ 씨앗은 다르게 깨어난다	21
조율 _ 서로 다른 자리에서, 함께 살아가는 방식	25
전환 _ 조율이 빗나갔을 때, 갈등을 넘는 숲의 방식	31
기다림 _ 침묵 속에서 시간을 듣는 씨앗처럼	38
결심 _ 움직임은 침묵에서 시작된다	43
악수 _ 처음 마주하는 세계	47
감각 _ 잎보다 먼저 감각이 열린다	51
응답 _ 피어난다는 것은 말 없는 대답	57
멋짐 _ 씨앗은 멋지다	61
마치는 글	66

2부
씨앗을 들여다보다
작지만 완전한 생명, 그들의 전략

여는 글	72
대화 _ 소리를 남기지 않는 말	73
광합성 _ 나무 한 그루가 감당하는 빛의 무게	78
자리 _ 생명의 배치와 운명의 리듬	83
관계 _ 연결, 책임, 그리고 끝없는 헌신	90
전략 _ 나무들이 발명한 생존과 순환의 기술	96
제1회 씨앗 생존전략 자랑대회	101
제2회 씨앗 생존전략 자랑대회	114
문명 _ 인간과 손을 잡은 씨앗들	119
휴면 _ 생존의 시계, 깨어나지 않는 씨앗들	124
재도전 _ 숲이 실패를 쓰는 법	130
마치는 글	136

3부 침묵이 말이 되는 순간
보이지 않는 대화의 힘

여는 글	144
흩어짐 _ 생명의 첫 윤리	146
보시 _ 내어줌의 생태학	151
순환 _ 죽은 씨앗들의 회로	157
경제학 _ 꽃가루처럼 쏟아지는 생명들	166
납세 _ 숲은 조세 공동체다	172
유통망 _ 숲의 세금이 흘러가는 길	180
사라짐 _ 완성의 또 다른 이름	185
악보 _ 숲의 리듬을 짓는 빛의 속삭임	191
교향곡 _ 숲의 호르몬 오케스트라	196
유혹 _ 향기와 맛의 초대장	203
마치는 글	208

4부
씨앗은 관계를 남긴다
생명을 감싸고 이어 주는 구조들에 대하여

여는 글	212
이동 _ 생명을 움직이게 하는 존재들	213
건축 _ 씨앗의 외부화와 관계 맺음	220
확장 _ 생존의 리듬, 관계 맺는 씨앗들	227
임시 거주 _ 스몰하우징의 철학	232
흐름 _ 사례로 읽는 숲의 임시 건축술	236
떠남 _ 씨앗을 닮은 집	243
흔적 _ 씨앗이 남긴 초대장	249
경계와 자각 _ 숲에서 타자가 된다는 감각	254
멈춤 _ 살지 못한 씨앗들	261
뿌리 _ 보이지 않는 세계를 읽는 법	266
마치는 글	271

에필로그 _ 씨앗 앞에서, 저는 저를 읽습니다	274
부록 _ 생각노트_ 씨앗의 물음표	279
참고문헌	302

◀ 일러두기 ▶

이 책의 본문은 세 겹의 목소리로 구성하고 서술했습니다.

- 산할아버지의 시선
  숲길에서 건져 올린 감각과 사유가 먼저 걸음을 뗌
  (예: 본문 15쪽~18쪽 4째 줄, 검은색 큰 글씨)
- 상수를 비롯한 숲의 씨앗들이 보내는 편지
  다양한 씨앗이 일인칭으로 등장하며 할아버지와 대화를 시작
  (예: 본문 18쪽 5째줄~18쪽 맨 아랫줄, 녹색 작은 글씨)
- 산할아버지의 답장
  씨앗과 숲을 생물적−생태적−철학적 시각으로 분석한 자연·과학의 지식과
  인문·철학적 해설을 간명하게 정리
  (예: 19쪽~20쪽, 밤색 작은 글씨)

'산할아버지'는 졸참나무(Quercus serrata)가 빌려준 목소리입니다.
수십·수백 해의 나이테와 뿌리−균사 네트워크의 기억을 대표하는 숲의 장로(長老)입니다.
'상수'는 상수리 씨앗(Quercus acutissima)으로, 배움의 길을 시작한 제자입니다.
둘의 관계는 혈연을 넘어선, 숲에서 맺은 배움의 계보입니다.

1부_ 씨앗이 깨어나는 시간

숲을 품은 존재를 만나다

여는 글

　　상수리 한 알을 오래 바라보다가 알았다. 내가 쌓아 온 나무의 지식과 숲의 경험이, 그 작은 몸속에 고스란히 응축되어 있다는 것을. 언젠가 숲을 떠받치게 될 거목도, 바로 이런 크기에서 시작된다. 그 생각이 바람처럼 스쳐 간 뒤, 나는 한 알의 씨앗과 서로의 안부를 마음속으로 묻기 시작했다.

　　어느 봄날, 낙엽을 걷자 그 아래에서 막 껍질을 열고 있는 상수리를 보았다. 빛을 본 적 없는 하얀 뿌리가 먼저 방향을 잡아, 주저 없이 어둠 쪽으로 내려가고 있었다. 씨앗은 누구의 허락도 구하지 않는다. '아직'이 끝나고 '지금'이 시작되면, 그저 감지하고, 느끼고, 반응한다.

　　보이지 않는 안쪽에서는 이미 첫 연주가 시작되고 있었다. 전분이 당으로, 기름이 오래 타는 불씨로 바뀌고, 먼

바다에서 증발해 온 물과 햇빛의 기억이 작은 몸 안에서 다시 만난다. 숲은 그 첫 발걸음을 축복하듯 낙엽을 이불처럼 덮어 준다. 그 덮임은 숨김이 아니라 지키기 위한 은폐다. 곰팡이와 미생물, 작은 곤충들이 곁에서 새 생명의 시작을 호위한다.

그날 이후, 나는 상수리 씨앗이 숲에서 살아가는 모습을 오래 상상했다. 씨앗 위에 우뚝 선 나무도, 처음에는 단 한 번의 떨림과 단 한 번의 결단에서 출발했다. 그 상상을 따라가며 나는 이 책을 쓰기로 했다. 한 알의 씨앗에 농축된 자연과학의 사실과, 숲이 전하는 삶의 문장을 함께 나누기 위해서다. 상수리만이 아니다. 숲에 사는 모든 존재의 존귀함을, 그들의 침묵과 움직임을, 우리가 함께 이해할 수 있기를 바란다.

아침 빛이 가장 낮은 가지를 스치면, 숲의 바닥에 잠든 수천의 씨앗이 숨을 고른다. 바람은 묻지 않고 지나가고, 빛은 재촉하지 않지만, 숲의 모든 생명은 안다. 씨앗 하나가 깨어나는 순간이 내일의 숲을 다시 쓰는 첫 문장임을. 나는 그 속삭임을 들었다.

"나는 나를 다 써서, 너를 살리러 왔다."

이 문장이 이 책의 출발점이고, 우리의 지친 하루에 조용히 심길 한 알의 씨앗이 되기를 바란다.

결단
낙엽을 뚫고 나온 존재

3월 말, 숲은 여전히 겨울의 외투를 걸친 듯 고요했다. 계곡을 따라 흐르는 바람은 얼음의 기운을 품고 있었고, 땅 위에는 지난가을의 낙엽이 겹겹이 쌓여 서로의 무게를 버티며 눌려 있었다. 낙엽 사이에서 나는 부스럭거림조차 삼켜진 침묵을 들었다. 햇빛은 가지 사이를 겨우 비집고 들어와 잠깐 흔적을 남기다 사라졌고, 숲은 다시 어둠의 결을 되찾았다.

그러나 그 깊은 정적의 막바지, 낙엽 속에서는 눈에 보이지 않는 파동이 번졌다. 작은 씨앗 하나가 긴 잠에서 깨어나고 있었다. 상수리 씨앗은 갈라진 껍질 사이로 물기를 받아들이며, 오랫동안 마른 돌처럼 웅크렸던 몸을 조금씩 부풀렸다. 단단했던 껍질은 서서히 결을 내주었고, 그 틈새로 흙의 냄새와 차가운 숨결이 스며들었다. 마치 문을 열고 낯선

상수리의 첫 악수
껍질을 뚫고 나온 뿌리가 흙과 손을 맞잡았다.
연약하지만 확실한 결단, 흙의 무게를 받아들이며 세상과 맺는 첫 약속.
작은 씨앗 속에 숲이 깨어나는 순간이다.

방으로 들어가는 순간처럼, 두려움과 설렘이 한꺼번에 씨앗의 안쪽을 흔들었다.

그 안에서 세포들은 하나둘 깨어났다. 오래 저장해 둔 전분과 단백질은 불씨처럼 분해되어 힘이 되었고, 조용히 멈춰 있던 호흡은 다시 불길을 피우듯 살아났다. 오랫동안 움츠린 내부가 하나의 합창처럼 울리며, '지금이 시작이다'라는 신호를 내보내고 있었다. 마침내, 씨앗의 몸에서 첫 뿌리 하나가 흙으로 내려왔다. 빛을 한 번도 본 적 없는 그 가느다란 줄기는 주저함이 없었다. 마치 오래된 나귀가 길을 기억하고 있듯, 그 뿌리는 어둠 속으로 곧장 파고들었다. 흙은 차갑고 무거웠지만 동시에 부드럽게 품어 주었다. 뿌리는 그 안에서 마치 손을 내밀듯, 자신이 붙잡을 자리를 찾았다.

그 순간, 나는 깨달았다. 결단은 언제나 겉으로 드러나기 전에, 가장 은밀한 자리에서 시작된다는 것을. 모든 씨앗이 같은 날, 같은 속도로 깨어나는 법은 없다. 어떤 씨앗은 이른 봄의 햇살을 먼저 붙잡고, 또 다른 씨앗은 몇 해를 더 묵히다가 세상으로 나온다. 이 차이들이 겹쳐 숲의 풍경을 무너뜨리지 않고, 오히려 더 단단하게 세운다. 상수리의 첫 뿌리처럼, 세상은 언제나 작은 결심으로 다시 쓰인다. 그 결단은 화려한 함성도, 누군가의 시선도 없이, 조용히 그러나 되돌릴 수 없는 한 발로 시작된다. 씨앗은 더 이상 씨앗으로 남을 수 없다. 어둠을 찢고 나온 뿌리는 곧 흙과 맺은 첫 약속이 되며, 그 순간 작은 몸은 독립된 알갱이가 아닌, 숲 전체와 이어진 존재가 된다.

🌿 상수의 편지

산할아버지께. 오늘 제 껍질이 갈라졌어요. 오랫동안 어둠 속에서 잠들어 있던 몸이 처음으로 흙의 숨결을 만났지요. 차갑고 낯선 감촉이 스며들었지만, 그 안에서 물의 기척이 흐르는 걸 느끼자 마음이 든든해졌어요. 그래서 저는 위로 가지 않고, 아래로 몸을 밀어 넣었어요. 마치 땅이 제 이름을 부르는 것 같았거든요. 제 안에 남겨진 작은 양식이 등을 떠밀어 주고 있어요. 아직은 미약한 힘이지만, 그 힘을 믿고 한 걸음을 내디뎠어요. 언젠가는 할아버지처럼 큰 나무가 되어 새들의 쉼터가 되고 싶어요. 아직 작고 연약하지만, 제 안에는 이미 약속이 자라고 있어요.

상수 올림

▲ 산할아버지 답장

상수야, 네가 말한 그 첫걸음을 식물학에서는 '발아germination'라고 부른단다. 씨앗이 깨어나는 순간, 가장 먼저 감지하는 것은 바로 땅의 무게와 방향이지. 뿌리 세포 속에 있는 작은 알갱이, '전분체statoliths'[1]가 아래로 가라앉으며 길을 알려 주고, 그 신호를 따라 호르몬이 이동해 뿌리 세포가 늘어나면서 너는 주저하지 않고 곧장 땅속으로 내려간단다. 줄기는 그 반대편에서 빛을 향할 준비를 하고 있지. 아직 본 적 없는 세계지만, 네 몸속 설계도는 이미 길을 정해 두었단다. 이것이야말로 불완전함 속에서 내리는 결단이지.

삶도 그렇다. **모든 조건이 완벽하게 갖춰지기를 기다리면 시작조차 할 수 없단다.** 씨앗은 우리에게 속삭이지. "길은 내 안에서 깨어난 순간에 시작된다."

그런데 말이야, 발아에도 두 가지 방식이 있단다. 어떤 씨앗은 '떡잎cotyledon'이 땅 위로 솟아오르는 방식, 이를 '지상 발아 epigeal germination'라고 부른다. 강낭콩이나 해바라기 씨앗이 그렇게 싹을 틔우지. 떡잎은 마치 작은 잎처럼 광합성을 하며 어린

---

[1] 뿌리 끝의 중력 감지 세포(statocyte) 안에 있는 전분 과립. 세포 내에서 가라앉는 방향으로 중력을 감지하여, 옥신(auxin, IAA) 분포를 조절하고 뿌리와 줄기의 굴중성(gravitropism)을 유도한다.

시절의 힘을 보탠단다.

　반대로 어떤 씨앗은 떡잎을 땅속에 남겨 두고, 새잎이 바로 지상으로 올라오는 방식을 택하는데, 이것을 '지하 발아 hypogeal germination'라고 부르지. 완두콩이나 참나무 도토리 같은 아이들이 그렇단다. 땅속의 떡잎은 조용히 양분을 내주며, 지상으로 솟아난 잎이 스스로 설 수 있을 때까지 힘을 보태지. 지상 발아와 지하 발아, 두 길은 다르지만 모두 숲을 이루는 길이지. 누구는 빛을 더 빨리 붙잡고, 누구는 땅속 양분을 더 오래 붙들어. 중요한 건 방식의 차이라기보다는 모두가 자신만의 설계도에 따라 첫 발걸음을 내디딘다는 거란다.　　　산할아버지가

다름
씨앗은 다르게 깨어난다

다시 숲을 걸었다. 계곡의 물은 햇빛을 받아 은빛 파편처럼 흩어지고, 사면을 따라 선 나무들은 서로 겹치지 않으려는 듯 조금씩 다른 방향으로 몸을 기울이고 있었다. 한때는 모두 같은 모양의 씨앗이었지만, 지금은 저마다의 시간을 품은 채 각기 다른 얼굴을 드러내고 있었다.

낙엽을 헤치니, 땅 밑에서도 또 다른 드라마가 펼쳐지고 있었다. 어떤 씨앗은 봄 햇살을 기다리지 못하고 이미 껍질을 열고 있었다. 반면 바로 옆의 형제는 여전히 단단한 껍질을 붙든 채, 땅의 온도와 습도를 더 오래 음미하고 있었다. 누군가는 비를 만나야만 깨어나고, 누군가는 불길이 스친 자리에서야 몸을 열었다. 또 어떤 씨앗은 동물의 발걸음이나 부리 끝에 실려 멀리까지 이동한 뒤에야 새로운 삶을 시작한다. 숲은 이렇게 서로 다른 '시간표'들이 겹쳐 이루

상수리 씨앗
상수리 씨앗 속에는 단순한 설계도만 들어 있는 것이 아니다.
그 열매를 먹는 도토리거위벌레와 어치의 동선, 숲을 옮겨 다니는 계절의 궤적까지 함께 들어 있다.
씨앗 하나는 작은 생태계이며, 그 다름이 숲 전체의 다양성을 지탱한다.

어진 무대였다.

모두가 동시에 같은 속도로 달려간다면, 어느 순간 숲은 텅 비어 버릴 것이다. 그러나 어떤 씨앗은 일찍 자리 잡아 그늘을 만들고, 다른 씨앗은 늦게 발아하여 그늘을 견디며 살아간다. 이 차이가 숲을 비워내지 않고 오히려 더 풍성하게 만든다. 숲의 질서는 레고lego 블록처럼 열린 구조다. 모양이 다른 조각들이 모였다 흩어지며, 매 순간 다른 풍경을 만든다. **씨앗의 다름은 충돌을 피하는 기술이자, 숲을 무너뜨리지 않는 첫 번째 약속이었다.**

🌿 상수의 편지

산할아버지께. 요즘 제 안에서 두 목소리가 들려요. 하나는 '조금 더 머물러라' 하고, 다른 하나는 '지금이야, 나가자' 하고 외쳐요. 형제 중 몇몇은 이미 껍질을 열고 나갔지만, 저는 여전히 흙 속에서 몸을 웅크리고 있어요.

처음엔 게으른 건 아닐까 걱정했어요. 그런데 물소리, 흙의 온기, 빛의 기척이 하나하나 제 시계를 맞춰 주는 걸 느끼고 있어요. 남과 다르다는 건, 제 길도 따로 있다는 뜻이겠지요. 그 사실을 알게 되자 마음이 한결 가벼워졌어요.   상수 올림

🔺 산할아버지의 답장

상수야, 네가 본 씨앗 하나의 다름은 사실 그 자체로 끝나지 않는단다. 생태학에서는 개체의 안정성과 건강성이 곧 숲 전체의 건강성과 안정성으로 이어진다고 보지. 작은 씨앗이 각자의 시계에 따라 다른 순간에 깨어나는 것은 온전히 제 길을 걷는 일인데, 곧 숲이라는 공동체를 위한 안전장치이자 보험 같은 역할을 하는 거야.

생태계의 건강성을 설명할 때 과학자들은 종종 '회복력 resilience'이라는 말을 사용한단다. 이 말은 어떤 교란이 닥치더

라도 시스템 전체가 다시 균형을 회복할 힘을 뜻하지. 바로 이러한 힘은 씨앗들의 다양한 발아 시기에서 비롯되는 거야. 일찍 피어난 개체가 병충해를 입더라도, 늦게 피어난 씨앗들이 그 빈자리를 이어간다. 빠른 자가 먼저 사라져도 느린 자가 숲의 시간을 지탱해 주는 것이지. 결국 개체의 작은 건강성이 모여 숲의 안정성을 만든단다.

숲의 균형은 겉으로 보기에 혼란처럼 보일 수도 있어. 수많은 씨앗이 제각각의 리듬을 타고, 나무와 풀들이 각자의 방식으로 빛과 물을 차지하니까. 하지만 그 다양하고 어긋난 움직임이 모여 하나의 질서를 이루고, 그 질서가 숲의 균형을 유지해 주는 거야. 마치 오케스트라가 각기 다른 악기를 연주하지만 결국 하나의 교향곡을 만드는 것처럼 말이다.

그러니 상수야, 네가 지금 느끼는 머묾과 기다림은 단순히 너 하나의 일이라고는 볼 수 없다. 그것은 숲이라는 공동체 전체를 안정시키는 과정이야. 씨앗의 고유한 시간표가 곧 숲의 안정된 호흡으로 이어지고, 개체의 건강성이 곧 생태계의 건강성을 지켜 낸다. 네 안의 작은 맥박 하나가 숲의 커다란 심장과 연결되어 있음을 기억하거라.   산할아버지가

조율
서로 다른 자리에서, 함께 살아가는 방식

상수리의 첫 떨림을 만났던 소리산 소금강 계곡에 들어서면, 바위 사이로 흘러내리는 물소리가 깊은 음을 깔고, 숲의 그늘이 그 위에 부드럽게 화음을 얹는다. 처음엔 한 몸처럼 들리지만, 발걸음을 멈추고 눈을 가까이 가져가면, 나무와 풀은 서로 조금씩 거리를 두고 있었다. 같은 땅에 뿌리를 내렸으면서도, 마치 오래전부터 정해진 악보를 따르듯 서로의 자리를 비켜선다.

계곡 바로 곁에는 물푸레나무가 서 있었다. 습한 공기를 마시듯 들이키며, 깃처럼 갈라진 잎 사이로 부서진 햇살을 조각내어 물결 위에 뿌려 놓는다. 그 위쪽 비탈에는 복자기나무가 자리를 잡았다. 한 마디에 세 장씩 달린 잎은 서로 겹치지 않게 여백을 남기며, 자기 그늘조차 줄여 낸다. 조금 더 올라가자 당단풍이 넓은 장상엽을 수평으로 펼치고 있었는데, 잎자루의 각도를 조금씩 비틀어 같은 나무 안에서도 잎끼리 겹치지 않게 하고 있었다.

더 깊숙한 숲속으로 들어서자, 서어나무들이 눈에 띄었다. 이들은 봄이 한창 무르익은 뒤에야 늦게 잎을 트며, 이미 두터워진 그늘 속에서도 묵묵히 빛을 모아내고 있었다. 늦음은 또 다른 전략처럼 보였다. 그 옆의 까치박달은 잎맥을 촘촘히 그려 약한 빛까지 모아 내며, 잎을 세워 그늘 속에서도 길을 찾고 있었다. 그사이, 졸참나무는 마치 지휘자처럼 넓은 수관을 펼쳐 숲의 흐름을 나누었다. 바람이 불자 거친 잎 톱니가 햇살을 길게 훑어 내리며, 아래쪽 나무들의 시간을 다른 박자로 이끌었다.

시선을 아래로 돌리자 또 다른 무대가 있었다. 박쥐나무와 바위말발도리, 고추나무가 상층에서 흘러드는 움직이는 빛의 틈, 햇빛의 파편을 좇아 잎의 각도를 미세하게 바꾸고 있었다. 쪽동백은 얇은 잎을 수평에 가깝게 펼쳐 약한 빛을 고르게 모아 내고, 초여름이면 아래로 종 모양의 꽃을 달아 숲 바닥에 은은한 음색을 더했다.

바닥에는 계절마다 배우가 교체되었다. 이른 봄, 얼레지와 현호색은 얇은 낙엽층이 드러날 때 재빨리 광합성을 마치고 사라졌고, 여름에는 양치류와 사초류가 그늘의 무대에 오르며 숲의 장면을 이어 갔다. 멀리서 보면 하나의 큰 숲이지만, 가까이 들여다보면 나무와 풀, 뿌리와 잎들은 서로의 틈을 읽고 거리를 조율하고 있었다. 숲의 질서는 수많은 생명이 한 무대에서 어울려 내는 합주였다. 각자의 악기가 다른 음을 내며 하나의 음악을 완성하듯, 소금강 숲은 다름을 조화로 바꾸어 내고 있었다.

🍃 상수의 편지

산할아버지께. 오늘 저는 제 잎이 형제들과 조금 다르다는 걸 알았어요. 어떤 아이는 넓게 누워 햇빛을 받았지만, 저는 잎을 세워야만 빛을 잡을 수 있었지요. 순간 이상하다고 생각했지만, 바람이 불자 제 잎 위로 짧은 빛이 스쳤고, 저는 그 빛을 온전히 붙잡을 수 있었어요. 그때 깨달았어요. **찌뿔어진 것이 아니라, 제자리를 지키는 방법**이라는 걸요. 숲에는 수많은 나무가 있지만, 빛을 받아들이는 길은 저마다 다르다는 것을요.   상수 올림

🔺 산할아버지의 답장

상수야, 네가 발견한 건 숲의 중요한 원리란다. 생태학자들은 그걸 '생태적 지위 ecological niche'라고 부른다. 숲에서 살아가

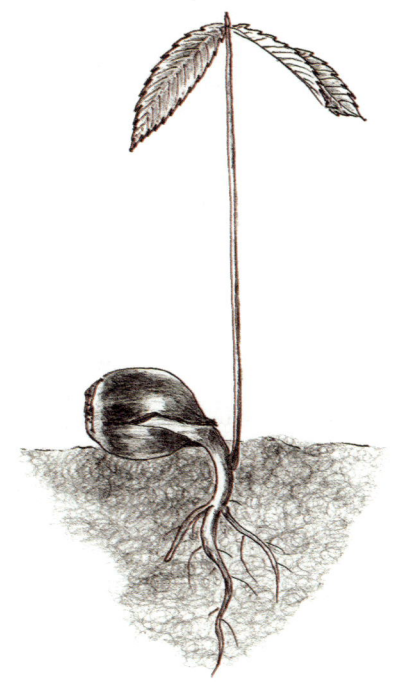

균형을 찾아가는 상수리 씨앗
씨앗은 각기 다른 생태적 지위에서 뿌리를 내리지만,
공생(symbiosis)과 공진화(co-adaptation)를 통해 서로의 삶을 조율한다.
숲의 질서는 같음을 강요하지 않고, 차이를 존중하며 함께 살아가는 방식으로 완성된다.

는 방식에는 '공간의 니쉬niche'와 '먹이의 니쉬'가 있단다. 같은 자리에 서 있는 것 같아도, 사실은 서로 다른 길을 걸으며 부딪히지 않고 살아가는 지혜지.

먼저 공간의 니쉬를 보자꾸나. 키 큰 졸참나무는 수관을 크게 펼쳐 숲의 윗자리를 차지하고, 그 아래 서어나무는 조금 늦게 잎을 열어 남은 빛을 받아 내지. 까치박달은 촘촘한 잎맥으로 희미한 빛까지 모아 내고, 땅 가까이에는 고사리와 풀, 이끼가 숲속 바닥을 채운단다. 위로는 나무, 아래로는 풀, 그 더 아래로는 이끼와 균류가 층층이 자리를 나누는 것이지. 이렇게 층위를 나눈 덕분에 숲은 서로 부딪히지 않고, 오히려 빈틈없이 살아갈 수 있는 거란다.

먹이의 니쉬도 마찬가지야. 같은 꽃이라 해도, 꿀벌은 낮에 찾아오고, 나방은 어둠이 내린 뒤에야 날아온단다. 같은 나무 열매라 해도, 청설모는 딱딱한 도토리를 쪼개고, 멧새는 잘 익은 작은 열매를 삼키지. 고라니는 부드러운 새싹을 뜯어 먹고, 멧돼지는 땅을 파헤쳐 뿌리와 애벌레를 찾아내. 서로 다른 입맛과 습관 덕분에 숲은 끝내 고갈되지 않고, 다양한 길이 이어지는 거야.

숲은 우리에게 이렇게 속삭이고 있단다. "공간을 나누고, 먹이를 나누는 것이 곧 함께 살아가는 지혜다." 또 네가 경험한 잠깐의 빛, '광반sun flecks'이라고 불리는 햇빛의 파편은 그늘 식물에게 귀중한 생명의 창구란다. 숲은 위에서 아래까지 '층위strata'로 나뉘어, 층마다 다른 방식으로 빛과 바람, 습도를 나누어 쓰지. 이 겹치지 않는 질서 덕분에 숲은 충돌하지 않고, 오히려 더 풍성해진단다. 철학적으로 말하자면, 차이는 공존을 가능하게 하는 가장 깊은 언어란다.

모든 나무가 같은 방식으로 빛을 쓰려고 한다면 숲은 금세 무너질 거야. 하지만 각자가 다른 길을 택하니, 숲은 오히려 합주처럼 더 장엄한 풍경을 이루지. 숲이 우리에게 속삭이고 있단다.
"차이는 생명이 서로를 맞추어 가는 조율의 언어다."

산할아버지가

전환

조율이 빗나갔을 때, 갈등을 넘는 숲의 방식

여름 장맛비가 며칠을 내린 뒤, 햇빛이 갑자기 숲을 파고들었다. 축축한 흙 위에서 수많은 싹들이 동시에 몸을 세우기 시작했다. 불과 한 뼘 남짓한 공간에 어린잎들이 겹겹이 솟아올라 빛을 가리고, 뿌리는 같은 물길을 향해 뒤엉켰다. 마치 평온한 합주가 한순간 불협화음으로 치닫는 듯했다. 며칠 뒤, 몇몇 싹은 기세를 잃었다. 줄기는 더 오르지 못했고 잎은 작아졌다.

겉모습만 보면 멈춘 듯 보였지만, 흙은 그 실패조차 다른 이야기로 바꾸고 있었다. 쓰러진 줄기와 뿌리는 곰팡이와 세균, 지렁이의 만찬이 되었고, 연회가 끝난 자리에서 흙은 더 부드럽고 깊어졌다. 부패와 분해, 미네랄화로 이어지는 오래된 방정식은 실패를 새로운 양분으로 전환하고 있었다. 숲은 경쟁에서 밀린 존재를 외면하지 않는다. 오히려

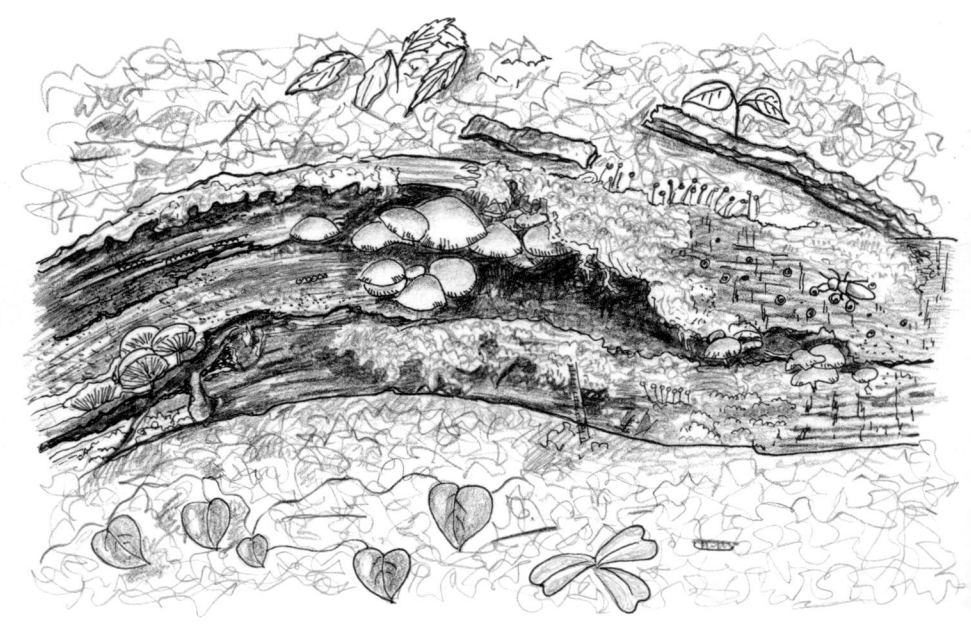

고사목
쓰러진 나무의 몸 위로 다시 피어나는 생명들.
부패와 분해의 길 위에서, 숲은 또 다른 시작을 준비하고 있다.

그 흔적을 흙으로 돌려, 다음 세대의 토양으로 삼는다.

누군가는 쓰러져 흙이 되고, 다른 누군가는 그 흙에서 다시 뿌리를 내린다. 살아남은 씨앗과 흙의 생각이 결국 같은 방향으로 이어지는 셈이다. 더 오래, 더 깊이, 생명을 이어 가려는 쪽으로. 씨앗들은 이 전환의 원리를 오래전부터 품고 있었다. 어떤 씨앗은 단단한 껍질을 지닌 채 수년을 묵다가, 껍질이 닳아 약해지면 그제야 깨어난다. 또 어떤 씨앗은 동물의 뱃속을 지나며 껍질이 부드러워진 뒤에야 싹을 틔운다. 산불이 지난 뒤, 연기와 열의 신호를 받은 씨앗이 일제히 껍질을 여는 일도 있다. 누군가는 눈앞의 경쟁을 비껴가고, 누군가는 시간 자체를 다른 박자로 옮겨 버린다.

공간에서도 마찬가지다. 같은 종이라도 빛과 물, 미생물과 토양의 미묘한 차이에 따라 발아의 길이 달라진다. 어떤 땅은 기꺼이 받아들이지만, 어떤 땅은 거절한다. **결국 숲은 모든 씨앗을 품는 것이 아니라, 각 자리에 알맞은 씨앗을 받아들이며 질서를 세운다.** 그래서 숲은 무수한 생명들이 흩어져 산다. 겹치지 않고, 서로의 빈틈 속에서 제 길을 찾아간다. 이 분산과 차이의 질서가 숲의 다양성을 만든다.

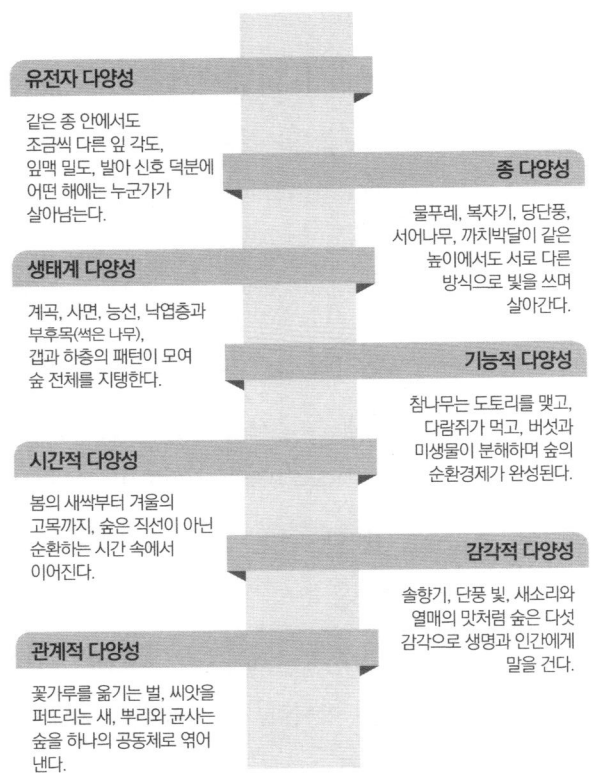

유전자에서 생태계까지 이어지는 다양성은 생명이 진화하고 적응하는 생태적 리듬이다.
기능적, 시간적, 감각적, 관계적 다양성은 숲이 지속가능성을 유지하는
서로 다른 층위의 언어이다.

이 복잡한 조율 속에서 숲은 하나의 풍경으로 완성된다. 쓰러진 생명마저 흙 속에서 다시 움직임을 이어 가며, 숲은 끊임없이 전환한다. 숲 앞에 서면 문득 이런 물음을 품게 된다. '만약 내가 누군가를 위해 흙이 된다면, 그것은 살아 있는 것보다 어떤 의미가 있을까?' 숲은 대답하지 않는다. 대신 흙이 된 씨앗 위에서 자라는 나무를 보여 줄 뿐이다. 그 침묵 속에서 우리는 알게 된다. 의미란 내 몸에서 싹을 틔우고, 함께 이어 가는 흐름 속에서 숲처럼 완성된다는 것을.

🌿 상수의 편지

산할아버지께. 저는 빛을 얻으려고 잎을 펼쳤지만, 옆의 형제들과 겹치면서 힘이 약해졌어요. 줄기는 자라다 멈추고, 잎은 점점 작아졌지요. 그러던 어느 날 제 몸이 흙으로 스며들었어요. 곰팡이와 벌레들이 저를 데려갔고, 제 작은 조각들은 흙 속으로 섞여 들어갔어요. 그 덕분에 남은 싹들이 더 깊이 뿌리내릴 수 있었지요. 저는 비록 나무가 되지는 못했지만, 흙이 되어도 숲속에 제 자리가 있다는 걸 알게 되었어요.   상수 올림

▲ 산할아버지의 답장

　상수야, 네 편지에서 '숲의 다양성'을 읽었단다. 숲의 다양성은 단순히 많은 생명이 모여 있다는 뜻을 넘어선단다. 숲의 힘은 서로 다른 존재들이 끊임없이 이어지고 바뀌는 '전환transition'과 다시 순환하는 '흐름cycle' 속에서 태어난다. 나무와 풀, 곤충과 새, 버섯과 미생물까지 모두가 얽히며 살아갈 때, 숲은 가장 건강한 몸을 이룬단다. 큰 나무 한 그루가 쓰러지면, 그 자리는 곧 버섯과 곤충, 이끼와 어린싹들의 무대가 되지.

　죽음은 새로운 생명의 출발점이다. 잎이 떨어져 흙으로 스며들면 그 속의 영양분은 다시 뿌리로 흘러가고, 뿌리가 흡수한 힘은 꽃과 열매로 이어진단다. 물질과 에너지가 막힘없이 흐를 때, 숲은 균형을 이루며 다양한 생명이 서로를 살려 내지. 생태학에서는 이런 과정을 '갭 다이내믹스gap dynamics'라고 부른단다. 큰 나무가 쓰러지며 수관에 빈틈이 생기면 그 틈으로 빛이 쏟아지고 그 빛을 기다리던 어린나무들이 새로운 세대를 연다.

　쓰러짐과 흩어짐은 곧 다음 세대를 향해 문을 여는 과정이지. 네 몸이 분해자들의 양식이 되어 흙으로 돌아갈 때, 그 순간은 더 비옥한 흙을 빚어내는 순환의 길이 된단다. 그렇게 이어지는 흐름 속에서 흙은 풍요로워지고, 또 다른 생명이 자리를 잡게 된다. 철학적으로 보자면, 다양성은 차이들이 끊임없이 전환되고 순환하며 이어지는 살아 있는 흐름이란다. 고여 있는 물은 탁해지지만, 흐르는 강물은 수많은 생명을 품는다. 숲의 다양성도 끊임없이 움직일 때 가장 건강하게 살아 숨 쉰단다.

상수야, 네 안에 여러 모습과 목소리가 함께 살아 있다는 사실은 삶을 풍성하게 하는 조건이란다. 네 안의 다름이 서로 전환하고 순환할 때, 너 또한 숲처럼 더 넓은 세계와 조화를 이루게 될 것이다. 숲은 언제나 이렇게 속삭이고 있단다. "**다양성은 차이를 모으는 힘이고, 전환과 순환은 그 다양성을 지켜 내는 길이다. 흔적은 흩어지며 사라지지 않고, 다음 생명을 위한 자양분으로 이어진다.**"

산할아버지가

기다림
침묵 속에서 시간을 듣는 씨앗처럼

봄빛이 숲을 비추면, 생명들은 제각기 다른 시계로 길을 연다. 남쪽 언덕의 생강나무는 황금빛 꽃가루를 흩뿌리며 계절의 서막을 알리고, 계곡 깊은 그늘의 풀잎들은 아직 얼음의 숨결을 품은 채 고요히 맥박을 이어 간다. 이 차이는 숲이 오래전부터 지켜 온 질서이며, 계절마다 다른 장단을 엮어 내는 지혜다.

사막의 모래 속 씨앗들은 수년 동안 바람과 모래와 함께 눌려 있다가, 하늘이 단비를 쏟아 내는 순간 일제히 몸을 열어 붉고 노란 물결로 대지를 덮는다. 기다림이 어떻게 장관을 만들어 내는지, 그 순간 땅은 눈부신 합창으로 대답한다. 중국 고분에서 발견된 연꽃 씨앗은 천년의 시간을 가슴에 품었다가 물과 햇살을 다시 맞으며 피어났다. 씨앗 속 세포와 효소는 세월 동안 질서를 놓치지 않고, 변치 않는 설계도를 이어 왔다. 연꽃의 기다림은 과거와 현재를 이어주는 다리처럼 펼쳐졌다.

대나무는 매해 줄기를 키우지 않고, 땅속 깊이 지하경(땅속 줄기)을 뻗으며 세월을 저장한다. 그렇게 모은 힘은 어느 날 숲 전체를 덮는 꽃으로 터져 나오며, 세대를 교체하는 장대한 전환을 이끈다. 참나무는 긴 세월을 뿌리와 줄기에 쌓아 올린 뒤에야 도토리를 맺는다. 전나무는 겨우내 호흡을 낮추고 기공을 닫아 눈 속에서도 새싹의 시간을 품는다. 풀들은 비의 계절을 맞는 순간 줄기를 올리고 꽃을 피운 뒤 열매를 남기고 사라지며 빠른 시간의 리듬으로 세대를 이어간다.

기다림은 숲속에서 저마다의 리듬으로 흐른다. 씨앗과 나무, 풀과 꽃은 각자의 시계를 세우고, 그 다른 시계들이 모여 숲의 합창을 만든다. 침묵은 안쪽에서 차곡차곡 시간이 축적되는 순간이다. 그 고요 속에서 생명은 미래의 문을 예감하고, 아직 오지 않은 계절의 발걸음을 미리 듣는다. 기다림은 세대와 세대를 잇는 가장 오래된 언어이자, 숲이 살아온 방식 그 자체다.

머루
기다림은 열매의 맛을 달게 만드는 침묵의 과정이다.

🌿 **상수의 편지**

 산할아버지께. 저는 지금 깊은 흙 속에서 고요히 시간을 모으고 있어요. 겉에서는 아무 일도 없는 듯 보이지만, 제 안에서는 작은 준비가 이어지고 있답니다. 몸속의 신호들은 아직 머물러야 한다고 속삭이고, 껍질은 자물쇠처럼 제 시간을 지켜 주고 있어요. 제 배胚, embryo는 아직 다 무르익지 않았기에, 조금 더 여유를 갖고 있어요.

이 기다림은 숨 고르기 같아요. 언젠가 흙이 열리고, 뿌리가 아래로, 줄기가 위로 나아갈 그 날을 향해 제 안의 박동은 점점 더 또렷해지고 있어요. 상수 올림

▲ 산할아버지의 답장

상수야, 네가 말한 그 고요는 식물학에서 '휴면dormancy'이라고 부른단다. 씨앗은 계절의 신호를 기다리며 자기 안의 시계를 맞추는 존재지. 이 기다림은 단순한 멈춤이 아니야. 호르몬이 균형을 이루고, 빛의 파장과 온도의 변동이 리듬을 만들며, 건조와 습기의 교차가 조건을 조율하지. 그래서 어떤 씨앗은 겨울의 냉기를 견디며 단단해지고, 또 어떤 씨앗은 여름의 뜨거운 햇볕을 거쳐야만 눈을 뜬단다. 이처럼 서로 다른 시간표가 겹쳐지기에 숲은 결코 한 번에 무너지지 않고, 세대를 이어 가는 거야.

씨앗의 휴면에도 여러 갈래가 있단다. 어떤 씨앗은 '물리적 휴면physical dormancy' 속에 있어. 아까시나 칡의 씨앗은 지나치게 단단해서 물과 공기가 들어가지 못하니, 흙 속에서 닳거나 동물의 이빨과 위장을 지나야 문이 열리지. 또 어떤 씨앗은 '화학적 휴면chemical dormancy'을 택한단다. 은행나무나 호랑가시나무 씨앗이 그러한데, 겉모습은 열릴 것 같아도 속에 발아 억제 물질을 품고 있어. 그 쓴맛 같은 성분이 비와 눈에 오랫동안 씻겨

나가야만 비로소 길을 내주지. 벚나무, 사과나무, 전나무 같은 아이들은 '생리적 휴면physiological dormancy'에 들어 있어. 배 자체가 아직 덜 성숙해 겨울의 차가운 냉기를 충분히 겪은 뒤에야 비로소 봄빛을 받아 일어날 수 있단다.

마가목이나 산사나무, 개암나무 씨앗은 더 까다롭지. 단단한 껍질과 미성숙한 배를 동시에 품고 있어서, 두 조건이 모두 풀려야만 깨어날 수 있단다. 이런 방식을 '복합적 휴면combinational dormancy'이라 부르지.

이렇듯 씨앗들은 제각각의 장치를 품고 있어 누구는 겨울의 끝에, 누구는 여름의 열기 속에서, 또 누구는 동물의 발걸음을 따라 흩어지며 깨어난단다. 그래서 숲은 단절되지 않고, 세상은 이어질 수 있는 거야. 기억해라. 상수야, **기다림은 씨앗이 땅속에서 힘을 모으듯, 내면을 단단히 세워 가는 과정**이란다. 겉으로는 고요하지만, 그 속에서는 이미 새로운 세상을 예감하며 힘을 모으고 있지.

인간의 삶도 마찬가지다. 성취가 보이지 않는 순간조차, 사실은 더 깊은 뿌리가 자라고 있는 시간이지. 씨앗의 기다림은 언제나 그 진실을 우리에게 속삭여 준단다.   산할아버지가

결심
움직임은 침묵에서 시작된다

겉으로는 아무 일 없는 듯 고요해 보이지만, 씨앗의 몸 속에서는 이미 수많은 흐름이 깨어나고 있었다. 단단한 껍질 안쪽에서 전분과 단백질이 효소의 손길로 풀리며 에너지로 바뀌고, 그 힘은 세포벽을 조금씩 밀어내며 새로운 길을 준비했다. **침묵은 고요 속에서 자라나는 가장 깊은 준비의 언어**였다. 씨앗은 그 고요 속에서 출발선을 단단히 다졌다.

뿌리의 선두에는 투명한 '뿌리골무root cap'가 서 있었다. 작은 투구 같은 이 끝은 흙의 압력을 느끼고 점액질을 흘려내며, 돌과 모래의 입자 사이에 길을 열었다. 세포 속에 잠든 전분체는 나침반의 바늘처럼 무게의 방향을 가리켰고, 수분의 기울기는 뿌리의 몸을 부드럽게 비틀어 물이 있는 쪽으로 몸을 틀었다. 어떤 세포는 길게 늘어나고, 다른 세포는 멈추어 서며, 전체 뿌리가 마치 오케스트라처럼 조율되었다. 그 조율이 모여 어둠 속에서도 곧고도 유연한 길이 열렸다.

흙은 결코 단순한 장애물이 아니었다. 점토는 촉촉함을 오래 품어 뿌리털이 뻗도록 돕고, 모래는 빠르게 스며드는 물길을 따라 방향을 제시했다. 지하의 미세한 틈에서는 물방울이 속삭임처럼 전해졌고, 토양 미생물은 뿌리와 맞닿아 보이지 않는 대화를 시작했다. 어떤 균류는 균근을 이루어 수분과 인燐을 건네고, 뿌리는 광합성의 산물을 되돌려주며 서로의 삶을 이어 주었다. 이 순간, 씨앗의 움직임은 더 이상 혼자가 아니었고, 관계의 첫 발걸음이 되었다.

움직임은 뿌리에서만 일어나지 않았다. 씨앗의 윗부분에서는 줄기의 배아 세포가 미세하게 팽창하며 하늘을 향해 활시위를 당기고 있었다. 어린줄기는 아직 보이지 않는 빛을 기다리며 몸을 갈고리 모양으로 말아 두었다가, 흙 위의 기적을 감지하는 순간 곧게 펼쳐질 준비를 하고 있었다. 뿌리가 어둠으로 깊어질수록, 줄기는 빛을 향해 솟아오른다. 두 길은 서로 반대처럼 보이지만, 사실은 균형의 두 날개였다. 아래와 위, 침묵과 움직임이 동시에 흐르며 생명의 리듬을 완성했다.

삶도 이와 닮았다. **오래 움켜쥔 마음이 어느 날 스스로 방향을 정하듯, 겉으로는 아무 변화 없어 보이는 순간에도**

속에서는 이미 수천 번의 결심이 쌓여 있었다. 그러다 아주 작은 틈을 내고 움직이기 시작할 때, 그 순간은 오래 축적된 기다림이 빚어낸 결단이었다. 고요 속에서 차오른 힘은 마침내 세상으로 흘러나와 새로운 길을 열었다.

🌿 **상수의 편지**

산할아버지께. 흙 속에서 저는 늘 고요히 누워 있었지만, 제 안에서는 작은 움직임이 이어지고 있었어요. 세포 속 양분을 하나하나 점검하며 힘을 모았고, 뿌리와 잎을 밀어낼 연습을 수없이 되풀이했지요. 껍질은 아직 닫혀 있었지만, 마음은 이미 단단해져 있었어요. 그래서 아주 작은 틈이 열렸을 때, 그것은 오랜 시간 씨앗 속에 숨겨진 결심이 빛으로 드러난 순간이었어요. 첫 뿌리는 어둠을 향해, 어린줄기는 빛을 향해 나아가며 저는 균형을 배우고 있어요. 움직임은 떠들썩한 외침이 아니라, 깊은 고요 속에서 차오른 힘이라는 걸 이제 알게 되었어요. 　　상수 올림

▲ 산할아버지의 답장

　상수야, 네가 말한 그 움직임은 뿌리의 첫걸음이란다. 뿌리는 중력굴성으로 인해 아래를 향하고, 수분굴성에 따라 물이 많은 쪽을 찾아 나아가지. 단단한 흙을 만나면 촉각에 의해서 몸을 비틀어 길을 바꾸기도 해. 겉으로는 아직 드러나지 않아도, 뿌리는 늘 길을 찾으며 몸을 지탱하는 기반을 다지고 있는 거야.

　줄기도 같은 원리를 따른단다. 아직 빛을 본 적이 없어도, 몸속에 이미 준비된 프로그램이 있어 갈고리처럼 몸을 말아 빛을 기다리지. 흙 위로 나아갈 순간이 오면 줄기는 곧게 펴지며 세상과 만난단다. 나무의 잎맥에는 물과 양분이 흐르고, 그 조용한 흐름이 숲 전체의 거대한 호흡을 움직이지. 철학적으로 말하면, 진짜 변화는 언제나 안쪽에서 시작된단다. 눈에 보이는 행동은 이미 내면에서 무수히 준비된 결심의 결과야.

　인간의 삶도 그렇단다. 드러난 말과 행동보다 먼저, 마음속 깊은 곳에서 오래 다져 온 결심이 길을 열어 주지. 숲은 그 사실을 씨앗의 뿌리로 보여 주고 있단다.　　　　　산할아버지가

악수
처음 마주하는 세계

씨앗의 뿌리가 흙에 닿는 순간, 생명은 처음으로 자신이 아닌 세상과 손을 맞잡는다. 마른 몸이 물을 머금는 '임수imbibition'는 오랜 침묵을 풀어내며, 세포와 효소의 문을 열어젖힌다. 흙은 손바닥처럼 포근하면서도 묵직한 무게를 전한다. 서늘한 숨결, 오래된 비가 남긴 향기, 이끼가 내뿜는 습윤한 기운—그 모든 낯선 감각이 씨앗 속으로 스며든다. 자극은 관계의 첫 언어, 세계와 맺는 가장 원초적인 대화다.

뿌리가 딛는 자리에는 언제나 문턱이 놓여 있다. 온도와 수분, 흙의 질감은 새로운 생명을 가려내고, 작은 서식처만이 안전한 둥지가 된다. 먼저 자리를 차지한 싹은 '우선효과priority effect'라는 권리를 얻어 주변의 군집을 바꾸고, 빛과 물의 흐름을 다시 짠다. 흙은 씨앗을 시험하는 동시에 받아들이며, 그때 씨앗은 더 이상 고립된 알갱이가 아닌 숲의 작은 구성원이 된다.

뿌리의 선두에 있는 뿌리골무가 흙의 압력을 읽으며 점액질을 내어 미세한 길을 열어 준다. 그 길 위로 곰팡이와 세균이 몰려와 씨앗을 시험하지만, 이내 협력의 끈도 내민다. 균근은 뿌리털에 손을 얹어 물과 인을 건네고, 뿌리는 광합성의 산물을 되돌려주며 서로의 삶을 이어 간다. 흙과 씨앗은 이렇게 서로를 바꾸며 함께 자라난다.

지상으로 향하는 줄기는 갈고리 모양으로 몸을 말아 어둠을 헤치며 올라온다. 빛을 만나면 이 갈고리는 곧게 풀리며 '광형태형성photomorphogenesis'[2]의 길로 전환된다. 마침내 떡잎은 햇살과 첫인사를 나누며 스스로 호흡을 시작한다. 뿌리가 흙과 악수를 했다면, 줄기와 잎은 빛과 악수를 한 셈이다. 두 번의 악수가 모여 하나의 존재가 세워진다.

씨앗의 첫 대면은 우리의 삶과도 닮았다. 학교에 들어선 첫날, 낯선 손을 잡던 순간, 새로운 길 앞에서 떨리던 가슴―그 모든 처음은 두려움과 설렘이 함께했다. 그러나 그 떨림이 있었기에 우리는 더 넓은 세계로 걸어 들어갈 수

---

2   식물이 빛의 질(파장), 양(강도), 방향, 주기 등을 감지하여 형태와 발달 과정을 조절하는 현상이다. 씨앗 발아, 떡잎 전개, 줄기 신장, 잎과 꽃의 분화 등이 이에 해당한다. 피토크롬(phytochrome), 크립토크롬(cryptochrome), 포토트로핀(phototropin) 등의 광수용체가 중요한 역할을 한다.

있었다. 씨앗이 흙과 빛을 만나는 순간은, 존재가 확장되는 가장 원초적인 경험이다.

🌱 상수의 편지

산할아버지께. 오늘 저는 처음으로 뿌리를 흙에 내밀었어요. 흙은 부드러운 듯하면서도 단단했고, 몸을 밀어 넣을 때마다 새로운 감각이 전해졌어요. 서늘한 바람의 숨결, 이끼의 향기, 오래 머물던 물의 기척이 뿌리 끝을 간질였지요. 길을 찾는 순간마다 몸은 굵어지기도 하고, 잠시 멈췄다가 다시 방향을 바꾸기도 했어요.

그러다 놀라운 만남이 있었어요. 작은 미생물들이 다가와 제 곁을 스쳤고, 곧 균근이 제 뿌리털에 손을 얹었어요. 저는 당을 흘려보냈고, 그들은 물과 양분을 건네주었지요. 혼자가 아니라는 걸 알았을 때, 저는 한결 더 깊이 들어갈 힘을 얻었어요. 마침내 떡잎이 흙 위로 올라와 빛과 인사를 나눴답니다. 꼭지 갈고리를 풀고 잎을 펼치며, 세상과 약속을 맺은 첫날이에요.　　상수 올림

▲ 산할아버지의 답장

　상수야, 네가 겪은 건 바로 생명이 세상과 맺는 첫 대화란다. 뿌리가 흙과 닿는 순간부터 '근권rhizosphere'이라는 작은 우주가 열려. 그곳에는 무수한 미생물과 곰팡이가 모여들고, 그중 어떤 균은 너와 손을 잡아 균근을 이루지. 너는 당을 주고, 그들은 물과 인을 건네며 서로의 삶을 키우는 거야.

　빛과의 만남도 큰 의미가 있단다. 떡잎이 햇살을 보게 되면, 어둠 속의 성장 모드(암형태형성)에서 빛의 성장 모드(광형태형성)로 전환하지. 그때부터 너는 더 이상 흙이 주는 양식에만 기대지 않고, 스스로 빛을 에너지로 바꾸며 독립적인 존재로 서게 돼. 철학적으로 말하면, **처음의 만남은 언제나 떨림을 품고 있어. 하지만 그 떨림 속에서 관계는 싹트고, 존재는 확장되지.** 뿌리가 흙과, 잎이 빛과 한 첫 악수는 존재가 세상 속으로 걸어 들어가겠다는 선언이란다. 숲은 그 사실을 가장 먼저 씨앗에게 가르쳐 주는 거지.

산할아버지가

감각
잎보다 먼저 감각이 열린다

낙엽 아래에서 씨앗이 가장 먼저 내민 것은 잎이 아니라 뿌리였다. 아직 빛을 보지 않았지만, 뿌리는 이미 흙의 결을 더듬고 물의 흐름을 따라갔다. 작은 몸 전체가 안테나처럼 열려 있었고, 그 감각은 잎보다 앞서 세계를 연 첫 문이었다. 식물에게 감각은 눈과 귀, 피부의 경계를 넘는 전신의 언어다. 광수용체 중 하나인 피토크롬[3]은 붉은빛의 파동을 읽어 새벽의 도착을 알리고, 크립토크롬[4]은 푸른빛의 떨림을 따라 낮의 방향을 가늠한다. 포토트로핀[5]은 빛의 각도를

---

[3] 적색광(660나노미터)과 원적색광(730나노미터)에 반응하는 단백질 광수용체. 씨앗 발아, 개화, 음지 회피 반응 등 장일·단일 식물의 광주기성 반응을 조절한다.

[4] 청색광(약 320~500나노미터)을 인식하는 플라빈(FAD) 계열 단백질. 식물의 광형태형성과 일주기 리듬(circadian rhythm) 조절에 관여한다.

[5] 청색광 수용체 중 하나로, 굴광성(phototropism), 기공 개폐, 엽록체 이동 등에 핵심 역할. 청색광을 받으면 세포 내 신호 전달이 활성화되어 줄기가 빛 쪽으로 굽는다.

땅속의 감각 기관

뿌리는 눈이 없지만 수분 구배(water gradient)를 따라 물길을 찾아내고,
귀가 없지만 미세한 진동을 감지하며, 화학 신호(allelochemical signal)로 이웃을 알아차린다.
곡선의 손끝으로 흙과 돌의 질감을 더듬으며, 어둠 속에서 가장 섬세하게 세상을 느끼는 존재가 바로 나무의 뿌리다.

기록해 줄기와 잎을 조율한다. 눈과 귀가 없어도, 식물의 몸은 빛의 기척을 기억하는 기관으로 깨어나 있다.

중력 또한 뿌리에게는 분명한 신호다. 뿌리 세포 안의 전분체가 바늘처럼 아래를 가리키며, 어느 쪽으로 깊어져야 할지 알려 준다. 반대로 줄기는 위로 기울며, 빛을 향한 통로를 연다. 보이지 않는 무게가 길을 정하고, 씨앗은 그 신호에 따라 균형을 잡는다.

촉각의 감각도 뚜렷하다. 뿌리골무는 흙 입자의 압력을 읽고, 점액을 흘려 내며 미세한 틈을 넓힌다. 단단한 돌과 마주하면 뿌리 세포는 길을 새로 정하며 통로를 찾는다. 이러한 움직임은 존재와 공간이 서로의 자리를 인정하며 맺는 협상이다. 흙의 결을 읽고 길을 바꾸는 과정에서 뿌리는 환경과 끊임없이 대화한다.

화학의 신호는 또 다른 언어다. 토양 속에는 뿌리가 흘려 보내는 분비물, 곰팡이가 내는 향기 분자, 세균이 남기는 미세한 흔적이 뒤섞여 있다. 뿌리는 질소와 인, 칼륨의 농도를 감지하고, 특정 미생물의 손짓을 읽어 들인다. 균근은 대화의 대표자다. 뿌리는 광합성 산물을 내어 주고, 균근은 수분과 무기 양분을 돌려준다. 이 교환은 거래를 넘어 서로를 살리는 망의 구축이다.

최근 연구자들은 식물이 소리와 진동에도 반응한다는

사실을 밝혀냈다. 초음파 영역에서 나오는 미세한 떨림에 씨앗은 세포 활동을 바꾸었고, 뿌리는 물 흐름의 소리를 따라 방향을 바꾸기도 한다. 바람이 나뭇잎을 스치는 소리, 빗방울이 땅을 두드리는 진동도 식물에게는 분명한 메시지가 된다.

숲은 감각이 얽힌 거대한 교향악장이었다. 감각은 존재가 살아 있음을 드러내는 첫 숨이다. 살아 있음은 먼저 느끼는 일이고, 그 반응이 곧 움직임을 낳는다. 씨앗은 빛을 느껴 몸을 들어 올리고, 수분의 기척을 따라 뿌리를 기울이며, 흙의 압력을 읽어 길을 돌린다. 언어 이전의 감각이 씨앗의 첫 심장박동이자, 삶의 가장 원초적인 대답이다.

우리 삶도 마찬가지다. 누군가의 말에 대답하기 전, 우리는 먼저 느끼는 존재였다. 차가운 공기의 기척, 손길의 온기, 새벽빛이 이마를 스칠 때의 떨림—그 작은 감각들이 우리의 길을 바꾸고, 방향을 정했다. 씨앗의 뿌리가 흙 속에서 세계를 읽듯, 인간의 삶도 감각이라는 첫 창을 통해 세상과 이어진다.

🌿 상수의 편지

산할아버지께. 저는 아직 잎을 내지 않았지만 이미 세상과 이야기를 나누고 있어요. 흙 속 물이 어디로 흐르는지 몸으로 알 수 있었고, 흙의 결이 제 발끝을 간질이며 방향을 알려 주었어요. 따뜻함과 서늘함의 차이가 시간의 변화를 속삭였고, 아주 미세한 진동은 누군가 곁에 다가왔음을 알려 주었지요. 눈과 귀가 없어도, 저는 빛의 기척을 느끼고 땅의 무게를 읽으며 세계와 이어져 있었어요. 빨강과 파랑, 그리고 방향을 알려 주는 빛의 언어가 제 안에서 반짝였고, 작은 알갱이들이 몸속에서 아래와 위를 구분해 주었어요.

저는 이미 세계와 연결되어 있었고, 그 신호들에 대답하며 조금씩 더 깊이 들어가고 있어요.   상수 올림

▲ 산할아버지의 답변

상수야, 네가 말한 것은 바로 식물의 감각이란다. 사람들은 식물이 조용히 서 있기만 한다고 생각하지. 하지만 사실 씨앗과 어린싹은 누구보다 예민하게 세상의 신호를 듣고 있단다.

먼저, 빛을 읽는 방법부터 보자꾸나. 씨앗에는 눈이 없지만, 피토크롬은 붉은빛을, 크립토크롬은 푸른빛을, 포토트로핀은

빛의 방향을 알려 준단다. 이들이 씨앗의 눈이 되어 세상의 신호를 해석해 주지. 어느 순간 발아해야 하는지, 뿌리와 줄기를 어디로 뻗어야 하는지, 씨앗은 빛의 언어를 읽으며 스스로 길을 정하곤 한다.

중력도 마찬가지야. 뿌리 속의 작은 전분체 알갱이는 항상 아래로 가라앉으며 방향을 알려 준단다. 그래서 뿌리는 땅속 깊은 곳으로, 줄기는 하늘 쪽으로 나아가는 거지. 뿌리 끝은 흙의 압력을 마치 촉각처럼 느끼며, 단단한 벽을 만나면 다른 길을 찾아 몸을 돌리기도 한다.

수분 역시 씨앗에게는 중요한 신호란다. 마치 갈증처럼, 뿌리는 습도가 더 높은 쪽을 감지해 촉촉한 길로 몸을 이끈다. 토양 속에는 또 미세한 화학 신호들이 숨어 있는데, 그 냄새와 맛을 따라가다 보면 새로운 길이 열리고, 때로는 이웃 나무 뿌리와의 은밀한 교감으로 이어지기도 하지.

철학적으로 보자면, **감각은 존재가 세상과 맺는 첫 번째 대화**란다. 언어보다 먼저 다가오는 빛의 기척, 흙의 압력, 물의 흐름, 그리고 냄새와 떨림…. 이 모든 작은 신호들이 씨앗의 삶의 방향을 조금씩 바꿔 주는 거야. 숲은 그 사실을, 아주 작은 씨앗을 통해 우리에게 가르쳐 준단다. 씨앗은 잎이 나기 전부터 세상의 언어를 듣는 귀로 깨어나지. 그리고 그 귀는 단 한순간도 세상과의 대화를 멈추지 않는단다.　　　　　　　산할아버지가

응답
피어난다는 것은 말 없는 대답

씨앗이 흙 속에서 깨어난 뒤, 생명의 다음 장면은 잎과 꽃으로 이어진다. 뿌리가 흙과 첫 대화를 나누었다면, 잎은 빛과 바람에 응답하며 세상의 무대에 선다.

피어남은 감각이 차곡차곡 쌓여 빚어낸 생명의 대답이다. 세포 속으로 물이 스며들면 잎의 조직이 팽창하고, 접혀 있던 잎맥이 하나하나 펼쳐진다. 오래 접어 둔 편지가 햇살 아래 펼쳐지듯, 그 안의 설계도가 빛과 물의 신호에 따라 드러난다. 꽃은 낮과 밤의 길이가 맞추어지고, 계절의 온도가 자리에 들어설 때, '플로리겐florigen'이라는 작은 신호 단백질이 줄기 끝으로 이동하며 터져 나온다. 눈에 보이지 않던 약속이 향기와 색으로 응답하는 순간이다.

숲의 피어남은 서로 다른 시간의 합창이다. 현호색은 이른 봄 낙엽이 걷히자마자 푸른빛 꽃을 열고, 벚꽃은 낮과

겨울눈
작은 봉투 같은 겨울눈 안에는 잎과 줄기, 꽃을 만들어 낼 설계도가 접혀 있다. 계절의 신호가 도착하면 눈은 열리고, 새로운 풍경이 펼쳐진다.

밤이 바뀌는 경계에서 연분홍 구름을 만든다. 장마철에는 산수국이 그늘을 받아 화려한 꽃차례를 펼치고, 가을이면 단풍나무가 붉은 잎으로 숲의 마지막 무대를 장식한다. 빠른 대답과 느린 대답이 이어지며 숲은 단조로움 없이 흐른다. 겨울눈은 잎과 꽃의 설계도를 봉투처럼 감싸안고 있다. 눈 비늘 속 '원기primordia'[6]들은 온도와 수분, 햇살의 신호를 기다리다가 어느 순간 일제히 펼쳐져 새로운 계절을 연다. 눈은 보호의 집이면서 동시에 미래의 풍경을 품은 저장고다.

피어남은 자기 의지를 외치는 행위라기보다, 세상이 건네는 신호에 몸으로 대답하는 과정이다. 씨앗은 흙의 무게에, 줄기는 빛의 방향에, 꽃은 계절의 조건에 응답한다. 인간의

---

[6] 식물 기관이 발생하기 전, 미분화된 세포 집단이 처음으로 자리 잡은 구조를 뜻한다. 잎 원기, 꽃 원기, 뿌리 원기 등으로 구분되며, 줄기나 뿌리의 분열 조직(meristem)에서 생겨난다. 이후 세포 분열과 분화를 거쳐 성숙한 기관으로 발달하므로, 원기는 새로운 생명의 출발점이라 할 수 있다.

삶도 이와 닮았다. 논리보다 먼저, 어떤 손길이나 목소리에 이끌려 길을 바꾸고, 순간의 빛을 따라 마음을 열었던 경험들이 그렇다. 이 모든 것은 감각에 대한 몸의 응답이었다. 세상에 대한 응답이 이어질 때 존재는 자라난다. 잎은 빛에 대답하며 광합성을 시작하고, 꽃은 계절에 응답하며 열매를 준비한다. 피어남은 응답의 결과이며, 그 응답이 숲을 끊임없이 새롭게 한다. 우리는 씨앗이 흙에 "네" 하고 속삭이듯, 삶의 매 순간 작은 대답을 건네며 조금씩 피어난다.

🌱 상수의 편지

산할아버지께. 저는 요즘 세상에 조금씩 대답하는 법을 배우고 있어요. 흙이 건네는 물길을 따라 뿌리를 기울였고, 온도의 변화에 몸을 맞추며 깊이를 더했지요. 돌멩이를 만나 잠시 멈추었다가도, 틈새를 찾아 다시 나아갔어요.

그 순간들은 모두 제가 세상에 보낸 조용한 대답 같았어요. 아직 잎도 줄기도 활짝 펴지는 않았지만 제 안에는 이미 잎과 꽃이 될 설계도가 접혀 있어요. 겨울눈이 봄을 품듯, 저도 안쪽에서 약속을 간직하고 있지요. 흙의 무게에도, 빛의 기척에도, 물의 흐름에도 저는 몸으로 대답하고 있어요.

생명이란 아마 이렇게 세상과 맺는 수많은 응답 속에서 조금씩 자라나는 게 아닐까요? 상수 올림

▲ 산할아버지의 답장

상수야, 너의 대답은 식물의 피어남을 설명하는 중요한 원리란다. 잎이 펼쳐지는 것도, 꽃이 피는 것도 모두 신호에 대한 응답이지. 세포에 물이 스며들면 팽창력이 생기고, 그 힘으로 접혀 있던 잎이 펼쳐진단다. 마치 오래 접어 둔 편지를 펴는 순간처럼, 숨어 있던 설계도가 빛과 물의 신호를 따라 드러나는 거야.

꽃도 그러하단다. 낮과 밤의 길이가 알맞아지고, 온도가 제자리를 잡으면 플로리겐이라는 신호가 줄기 끝으로 전해지고, 그때 꽃이 열리는 거야. 이는 세계가 건넨 부름에 씨앗이 내놓은 응답이지. 모든 식물이 같은 길을 걷는 것도 아니야. 현호색은 봄 햇살에 가장 먼저 피어나고, 어떤 나무는 장마철의 그늘을 견디며 늦게 꽃을 연다. 이런 차이가 숲의 리듬을 풍요롭게 하지.

존재는 독립적인 외침이라기보다 끊임없이 이어지는 응답의 몸짓에 가깝다. 우리는 주변과의 신호 속에서 스스로를 확장하고, 그 속에서 자라난다. 숲은 씨앗을 통해 이렇게 속삭이는 듯하구나. **'피어남은 감각에 대한 응답이며, 그 대답 속에서 존재는 자란다.'** 산할아버지가

멋짐
씨앗은 멋지다

씨앗은 작고 조용하지만, 그 안에 숲을 품고 있다. 눈에 잘 띄지 않는 작은 몸속에 뿌리와 줄기, 잎과 꽃, 그리고 열매의 설계도가 이미 접혀 들어 있다. 한 점의 세포에서 세상으로 뻗어 나갈 길이 준비되어 있으며, 그 길은 결국 숲을 이루는 시작이 된다.

씨앗의 중심에는 배가 있다. 그 주위에는 떡잎과 배유(씨젖)가 차곡차곡 양식을 쌓아 두었다. 마치 어머니가 도시락을 싸듯, 씨앗은 태어나기 전부터 스스로의 여정을 준비한다. 저장된 전분과 기름방울, 단백질 알갱이는 발아의 순간 불꽃처럼 분해되어 새로운 삶의 에너지가 된다.

씨앗은 자기 안에 생명을 지탱할 힘과 미래를 키울 양식을 함께 담아 둔 작은 우주다. 껍질은 그 우주를 지키는 방패다. 얇아 보이는 표면은 수분과 병원균, 곤충의 침입을

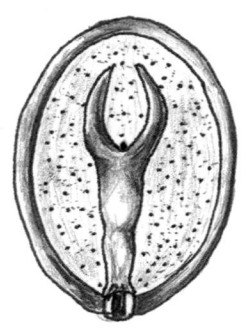

씨앗
씨앗 속의 점 하나가 봄을 향한 설계도를 품고 있다.
그 점은 길게 뻗어, 잎과 줄기와 꽃의 약속이 된다.

막고, 적절한 시기가 다가올 때까지 시간을 붙들어 준다. 어떤 씨앗은 불길을 지나거나 동물의 소화기관을 통과하며 길을 열고, 또 어떤 씨앗은 겨울의 냉기를 겪은 뒤에야 싹을 틔운다. 각각의 방식은 씨앗이 공간과 시간을 설계하는 독창적인 전략이다.

    씨앗은 관계의 출발점이기도 하다. 다람쥐는 도토리를 저장해 겨울을 나고, 새들은 씨앗을 물어 옮기며 숲의 지도를 그린다. 땅속의 균근은 씨앗의 뿌리와 손을 맞잡아 물과 양분을 건네고, 씨앗은 당분을 나누며 협력의 망을 넓힌다. 작은 몸 하나가 이미 하나의 생태계를 이루고, 그 안에서 수많은 존재가 서로의 삶을 이어 간다.

무엇보다도 씨앗은 긴 시간을 견디는 능력을 지녔다. 몇 해 동안, 때로는 수십 년, 어떤 경우는 수백 년 동안 고요히 자신을 다스리며 순간을 기다린다. 그리고 빛과 물, 온도의 조건이 어우러지는 날, 단단한 껍질을 열고 세상으로 뻗어 나온다. 그 기다림은 고요 속에서 충실히 무르익는 준비의 과정이다.

나는 돌 틈에서 비집고 나온 연약한 싹을 본 적이 있다. 작은 뿌리가 바위를 움켜쥐며 흔들림 속에서도 몸을 세우고 있었다. 누구도 심지 않았지만, 씨앗은 스스로의 길을 찾아내어 생명의 자리를 만들었다. 그 모습에서 나는 알았다. 진정한 멋은 큰 무대나 환호보다, 보이지 않는 자리에서 자기 길을 지켜내는 힘으로 드러난다는 것을.

씨앗은 작음 속에 거대한 힘을 품고 있다. 작은 중심이 세상을 가장 깊이 흔들고, 그 흔들림이 숲을 세우며, 숲이 세상을 바꾼다. 작음은 눈에 잘 띄지 않기에, 오히려 세상 곳곳으로 스며드는 가장 강력한 방식이다.

씨앗은 멋지다. 스스로의 때를 지키며 자신을 열어 내고 끝내는 숲이 되어 세상을 바꾸는 존재다. 단단하고도 고요한 몸속에서 우리는 생명이라는 말 없는 철학을 목격한다. 작은 중심이 큰 세상을 흔들며, 씨앗은 다시 새로운 시작을 꿈꾼다.

🌿 상수의 편지

 산할아버지께. 저는 아직 작은 도토리지만, 제 안에 이미 뿌리와 줄기, 언젠가 피어 낼 꽃과 열매까지 숨어 있어요. 겉으로는 작은 알갱이 같지만, 몸속에는 숲을 열어 갈 설계도가 숨 쉬고 있지요. 가끔은 발에 밟히기도 하고, 새의 부리에 물려 멀리 옮겨 가기도 했지만, 그 모든 순간이 제 길을 넓히는 계단이 되었어요. 저는 여전히 작지만, 제 안에 숲을 품고 있다는 사실이 저를 단단하게 지켜 주고 있어요.   상수 올림

🔺 산할아버지의 답장

 상수야, 네 말에서 나는 씨앗이 지닌 '멋'을 본단다. 그 멋을 세 가지 빛깔로 나누어 설명해 주고 싶구나.

 우선, 생물학적 멋이야. 씨앗은 작은 몸 안에 완벽한 생명의 설계도를 담고 있단다. 배는 뿌리·줄기·잎의 시작을 품고 있고, 배유와 떡잎은 마치 어머니가 싸 준 도시락처럼 성장에 필요한 양식을 가득 안고 있지. 또한 씨앗은 스스로를 보호하기 위한 단단한 껍질과 발아를 조절하는 정교한 호르몬 체계를 갖추고 있어. 작음 속에 압축된 정밀함, 그것이 씨앗의 생물학적 멋이란다.

 그다음은 생태학적 멋이지. 씨앗은 혼자가 아니야. 다람쥐의

겨울 식량이 되고, 새의 부리에 실려 숲을 넓히며, 흙 속 곰팡이와 손을 잡아 서로의 삶을 키운단다. 흩어지고 옮겨지며, 씨앗 하나는 숲 전체의 네트워크 속에서 역할을 나누어 가지지. 작은 몸 하나가 이미 하나의 생태계를 움직이는 축이 된단다. 이것이 씨앗의 생태학적 멋이란다.

마지막은 철학적 멋이야. 무엇보다도 씨앗은 긴 시간을 견디는 힘을 지녔어. 수년, 수십 년, 때로는 수천 년을 고요히 머물며, 빛과 물의 신호를 기다린단다. 기다림은 충실하게 준비를 쌓아 올리는 과정이지. 그래서 철학자들은 씨앗을 희망의 상징, 작음 속의 우주라 불러 왔단다. 작음은 결코 영향력이 약하다는 의미가 아니야. 오히려 작은 중심이 세상을 가장 깊이 흔드는 힘이 되지.

상수야, 네가 스스로 멋지다고 말한 것은 자부심을 넘어, 생명의 본질을 꿰뚫은 깨달음이란다. 숲은 이렇게 속삭이는 듯하구나. 씨앗의 작음 속에 생물학적 정밀함, 생태학적 연결, 철학적 깊이가 함께 숨 쉬고 있다고.   산할아버지가

마치는 글

　낙엽의 겨울빛이 걷히고, 봄의 첫 물길이 흙을 적실 때, 숲은 늘 같은 방식으로 시작한다. 크게 울리지 않는 작은 소리―씨앗의 뿌리가 흙을 붙잡는 순간의 악수. 그 악수엔 두 가지 약속이 들어 있다. 하나는 나를 다 쓰겠다는 약속, 또 하나는 너와 함께 자라겠다는 약속이다. 뿌리는 밀지 않고, 흙은 밀어내지 못한다. 서로의 무게를 인정하며 아주 조금씩 자리를 바꾼다. 숲이 갈등을 넘는 방식은 언제나 이처럼 부드러운 조율에서 시작되었다. 나는 오래 보고 배웠다. 빠름은 편리하지만, 느림만이 깊이를 만든다는 것을. 씨앗마다 시계가 다르고, 자리마다 빛이 다르다. 다른 시간을 억지로 맞추지 않을 때, 숲의 리듬은 무너지지 않는다.

　첫 악수는 그러므로 서약이다. **서두르지 않겠다. 다르게 자라겠다. 혼자가 아니겠다.** 갓 나온 뿌리골무가 점액의 얇은 막으로 흙을 감싼다. 보이지 않는 손바닥들이 서로를 더럽히며 신뢰를 만든다.

🌱 상수의 편지

산할아버지께. 오늘 저는 두 번 손을 내밀었어요. 한 번은 흙에게, 한 번은 저 자신에게요. 흙은 차갑지만, 제 손을 떼어 내지 않았어요. 제 안의 작은 창고(떡잎)는 조용히 문을 열고, '가 보자' 하고 등을 밀어 주었지요.

급하게 위로 오르지 않으려 해요. 먼저 아래를 배우고, 그다음에 빛을 배우려 해요. 내일은 더 깊이 내려가 돌의 느낌을 배우고, 모레는 더 넓게 퍼져 이웃과의 거리를 익힐게요. 그리고 매일 한 가지씩 약속을 실천해 볼게요.

- 오늘은 **물길**을 기억하기.
- 내일은 **그늘**을 존중하기.
- 모레는 **다름**을 기뻐하기.

저는 아직 작지만, 약속은 큽니다. 상수 올림

▲ 산할아버지의 답장

상수야, 잘 들었다. 너의 두 번의 악수는 숲의 문법으로도 옳다. 첫 악수는 몸과 몸의 약속이다. 뿌리 끝 뿌리골무가 '점액 mucilage'을 내어 흙 입자와 서로를 적신다. 바깥층 세포는 떨어져 나가 '보더 세포 border cells'[7]가 되고, 그 조각들까지 서로를 잇는 다리가 된다. 이때 뿌리 안팎으로 칼슘과 활성산소의 미세한 파동이 지나가고, 옥신의 흐름이 살짝 기울어 뿌리의 방향이 결정된다. 곧게 가는 것이 능사가 아니다. 아래를 확인하고, 저항을 만나면 살짝 굽어 우회하는 지혜가 뿌리의 첫 언어다.

두 번째 악수는 시간과 시간의 약속이다. 너는 지하발아를 택한 씨앗이니, 떡잎은 땅속에서 창고가 되어 오래도록 너를 도울 거야. 위에서는 빛을 기다리는 여린 잎이 준비되고, 아래에서는 뿌리털이 돋아 토양과 접촉하는 면을 수백 배로 늘린다. 며칠 뒤, 균류의 가는 실이 너를 찾아와 외생균근의 고리로 묶어 줄 것이다. 서로 부족한 점을 채우는 느린 계약—숲이 지키는 가장 오래된 법이지. 이제 1부를 마치며, 숲의 장로로서 세 가지 서약을 건네련다.

---

[7] 뿌리골무의 가장 바깥층에서 떨어져 나오는 살아 있는 세포. 뿌리가 토양 속을 뚫고 나갈 때 마찰을 줄이고, 항균물질을 분비하여 병원균 감염을 막으며, 토양 미생물과의 상호작용을 매개한다. '뿌리 점액(root mucilage)'과 함께 방출되어 뿌리의 '방어 전위(frontline defense)'를 형성한다.

- **느리게**: 빠르되, 깊이를 잃지 말 것. 속도보다 **연결**이 우선이다.
- **다르게**: 네 시계를 믿을 것. 균일함이 아니라 **다양성**이 숲을 지킨다.
- **함께**: 혼자 서되, 혼자 살지 말 것. 뿌리-균-물-흙의 **연대**가 생을 넓힌다.

너의 첫 악수는 언제나 새로운 시작임을 기억해라. 이제 2부로 넘어가면, 우리는 그 약속이 몸 안에서 어떤 과학의 문장으로 실현되는지, 그리고 숲의 철학이 어떻게 그 문장을 품는지 더 깊이 들여다보게 될 것이다.

자, 상수야, 오늘의 약속을 내일의 뿌리로 이어라. 나는 위에서, 너는 아래에서, 같은 나무의 호흡으로 만날 것이다.

산할아버지가

2부_ 씨앗을 들여다보다

작지만 완전한 생명, 그들의 전략

여는 글

　씨앗은 작지만 완전하다. 그 안에는 몸을 짓는 설계도와 시간을 여는 열쇠, 실패를 양분으로 바꾸는 오래된 지혜가 함께 접혀 있다. 눈에 잘 띄지 않는 미세한 결정들이 숲의 윤곽을 바꾼다. 서두르지 않는 느림, 필요할 때 쓰는 에너지, 겹치지 않기 위해 비켜서는 습관, 조용히 그러나 정확하게 반응하는 능력—이것이 씨앗의 전략이다.
　우리는 이제 그 전략을 가까이에서 들여다본다. 소리보다 먼저 움직이는 감각, 설명보다 앞서는 실행, 기다림 뒤에 오는 한 번의 결단. 나무와 씨앗은 이렇게 말한다.

대화

소리를 남기지 않는 말

나무는 언제나 조용한 방식으로 대화를 이어 간다. 바람이 불면 가지의 각도를 바꾸고, 비가 내리면 잎맥을 오므리며 물기를 조절한다. 햇빛이 기울면 매일 조금씩 방향을 달리한다. 이러한 움직임이야말로 숲에서 전해지는 가장 오래된 언어다. 들리지 않아도 전해지고, 보이지 않아도 느낄 수 있는 언어다.

씨앗 역시 소리 대신 행동으로 삶을 시작한다. 껍질을 열고 뿌리를 뻗으며 제 길을 찾는다. 누구의 지시도 필요하지 않고, 누군가를 향한 과시도 없다. 오직 생명의 리듬이 안에서 무르익을 때, 씨앗은 제때 몸을 열고 움직인다. 기다림이 익으면 발아가 시작되고, 감각이 닿으면 길이 열린다. 모든 과정은 고요하면서도 확고하다.

삶에서도 비슷한 순간이 있었다. 설명보다 행동이 앞섰

던 때, 확신이 부족해도 몸이 먼저 반응했던 때, 굳이 말하지 않아도 상대가 이해했던 때. 그때 깨달았다. 말은 순간의 속도를 가지지만, 실행은 대지처럼 단단히 중심을 세운다. 말은 흔들리는 방향을 줄 수 있고, 실행은 무게를 실어 삶을 지탱한다.

나는 가끔 한 장면을 떠올린다. 늦은 오후, 한 사람이 씨앗을 심고 돌아섰다. 그는 더 말할 것도, 더 설명할 것도 없이 허리에 묻은 흙을 털고 언덕을 내려갔다. 그 광경을 본 새는 씨앗을 부리에 물고 멀리 날아올랐다. 네발 달린 작은 동물들은 흙냄새를 따라 숲속으로 옮겨 다녔고, 언덕 아래에 서 있던 아이는 조심스레 땅에 떨어진 씨앗 하나를 주워 품에 넣었다.

그날 이후 씨앗은 혼자가 아니었다. 날개와 발굽, 작은 손길을 따라 흩어지며, 숲의 가능성은 더 멀리, 더 깊이 번져 갔다. 언덕 위에는 여전히 침묵이 남아 있었지만, 그 침묵은 이미 숲이 시작되는 첫 울림이 되고 있었다. 그리고 언젠가 그 씨앗들이 모여 숲을 이루고 숲이 모여 사람들이 다시 머무를 수 있는 터전이 될 것이다. 한 사람의 고요한 행동이 남긴 울림은, 결국 모두가 살아갈 수 있는 집을 짓는 일이 된다.

🌿 **상수의 편지**

산할아버지, 오늘 저는 소리를 남기지 않는 말로 편지를 씁니다. 바람이 불면 몸을 살짝 기울이고, 비가 내리면 잎맥을 오므리며, 햇빛이 기울면 잎의 각도를 조금 바꿉니다. 이 작은 움직임들이 곧 제가 쓰는 문장이고, 숲이 읽는 문자입니다.

껍질이 촉촉해지면 안에서부터 열리고, 유백색 뿌리가 먼저 나가 자리를 붙잡습니다. 적당한 흙과 습도를 만날 때, 제 뿌리는 '균사^{mycelinm},[8]와 미생물과 함께 숨을 나누며 새로운 관계를 만듭니다. 이렇게 남긴 흔적이 흙 속에 쌓여 다른 씨앗들의 길잡이가 되기도 하지요. 저는 큰 소리로 설명하지 않습니다. 대신 잎의 각도, 뿌리의 선, 마디 하나의 길이로 대답합니다. 햇빛이 강하면 세워서 나누고, 땅이 마르면 깊이 내려가고, 틈을 만나면 "네"라고, 기다림이 필요하면 "조금 더 뒤에"라고 대답합니다.

산할아버지, 혹시 제 말이 들리지 않더라도 흙은 알고 있습니다. 오늘의 작은 움직임이 내일의 그늘이 되고, 그 그늘은 또 다른 씨앗의 첫 문장이 될 테니까요. 저는 조용히, 그러나 단단히, 그렇게 대답하겠습니다.

상수 올림

---

[8] 곰팡이와 버섯류의 몸체를 이루는 실 모양의 세포 사슬(hyphae)로, 토양과 유기물에 촘촘히 퍼져 나가며 영양분을 흡수한다. 눈에 보이는 버섯은 균사의 일시적 생식 구조에 불과하며, 실제 생명의 본체는 땅속에 거대한 그물망처럼 뻗은 균사체, 숲의 인터넷이라 할 수 있다.

▲ 산할아버지의 답장

　상수야, 네 편지를 읽으니 숲이 전하는 가장 오래된 언어가 떠오른다. 네가 말한 작은 몸짓들은 모두 식물학에서 잘 알려진 현상들이란다. 바람에 몸을 기울이는 것은 '티그모모르포제네시스 thigmomorphogenesis'라 부른다. 접촉이나 흔들림에 따라 가지 각도와 굵기가 달라져 스스로를 지키는 지혜지. 비를 맞을 때 잎맥을 오므리는 것은 '난시운동 nastic movement'이고, 햇빛에 따라 잎을 돌리는 것은 '헬리오트로피즘 heliotropism'이다. 이들은 모두 씨앗이 말을 하지 않고도 세상과 대화하는 방법이란다.

　네가 껍질을 열며 겪는 임수 과정은 이미 다룬 바 있지. 씨앗이 수분을 흡수하며 팽윤膨潤하고, 효소가 세포벽을 풀어 배 뿌리가 길을 연다는 것을 우리는 앞서 확인했었다. 그 설명을 다시 되풀이할 필요는 없다. 다만 네가 그 과정을 몸으로 겪으며 '말 없이 행동으로 남기는 대답'을 한다는 점이 중요하단다.

　또 네가 언급한 작은 당 알갱이, 뿌리 분비물은 근권에서 나눈 대화다. 이것 역시 설명했었지. 뿌리가 흘린 흔적이 미생물과 균사를 모아 들여 흙의 구조를 바꾸고, 이후의 씨앗들까지 영향을 주지.

이번에는 그 과정을 학자들이 '레거시 효과legacy effect'[9]라 부른다는 이름으로 다시 짚어 주는 게 좋겠다. 네가 흙에 남긴 흔적이 단순히 현재만이 아니라 미래의 발아와 정착까지 이어지는 긴 대화라는 뜻이란다.

그러니 기억해라. 숲에서 나누는 대화는 늘 겹겹이 이어지고, 이미 배운 언어가 새로운 맥락에서 다시 빛난단다. 뿌리의 선, 잎의 각도, 가지의 마디—그 작은 몸짓 하나하나가 네가 여기에 있었다는 증거가 되고, 그것이 곧 숲의 언어지. 네가 남긴 조용한 흔적은 세대를 넘어 숲을 흔들고 지탱할 것이다.

산할아버지가

---

[9] 과거의 경험이나 사건이 오래 남아 현재의 반응을 결정하는 현상. 숲에서 가뭄을 겪은 나무가 이후에도 성장을 달리하듯, 사람도 한 번의 상처나 기억이 이후의 선택과 삶의 방향에 흔적을 남긴다.

광합성
나무 한 그루가 감당하는 빛의 무게

아까시나무 열매를 열어 보았다. 씨앗 하나하나가 가지런히 태좌placenta에 앉아 있었다. 그 단단한 자리마다, 어미 나무가 흘려보낸 시간과 에너지가 고요히 스며 있었다. 그때 깨달았다. 씨앗은 나무가 한 생애 동안 모은 햇빛과 바람, 물과 흙을 농축해 빚어낸 결정체다.

꼬투리라는 주머니 안, 작은 생명들이 줄지어 누워 있다. 아직 세상 바람을 모르는 채, 서로의 온기를 나누며 여무는 시간이다.

씨앗을 키우기 위해 어미 나무는 매일 잎을 열고 하늘을 향한다. 물을 길어 올리고, 햇빛을 붙잡고, 보이지 않는 부엌에서 생명을 조리한다. 잎은 그 부엌의 솥이고, 햇빛은 불씨이며, 물과 공기는 재료다. 그 부엌에서 만들어진 달콤함은 길을 따라 내려가 줄기와 뿌리를 거쳐, 마침내 씨앗 속으로 스며든다. 그렇게 얻어진 한 알 한 알은 작은 알갱이를 넘어, 어미 나무의 매일이 차곡차곡 쌓여 농축된 결과다.

태좌는 자리를 부여하지만, 그 자리를 가능하게 하는 건 언제나 빛이다. 나는 문득 어미 나무의 잎을 떠올렸다. 매일 겹치지 않게 펼쳐진 잎사귀 하나하나가 어쩌면 기도였을지도 모른다. '햇빛을 향한, 씨앗을 위한, 아무도 모르게 매일 반복된 기도.' 그것이 바로 광합성이었다.

🌱 상수의 편지

산할아버지, 저는 어머니 잎의 시간을 먹고 자라요. 해가 좋던 날엔 달콤함이 내려오고, 비가 오래 머문 날엔 담백함이 흘러와요. 그 맛들이 저의 몸이 되고 마음이 돼요. 그래서 이제는 알 것 같아요. 어머니가 왜 잎을 서로 겹치지 않게 펼쳤는지, 왜 줄기를 곧게 세우고 뿌리를 멀리 뻗었는지. 저를 단단히 여물게 하려는 빛의 예산이 있었던 거죠.

햇빛이 모자라면 저는 잠시 기다리고, 해가 넉넉하면 조금 더 속도를 올려요. 저의 시간표는 느리지만, 빛과 함께 정확히 움직여요. 언젠가 제 잎이 펼쳐지면, 저도 누군가의 씨앗을 위해 부엌을 열 수 있겠지요. 오늘 받은 달콤함을 내일 또 다른 생명에게

상수리나뭇잎
빛을 갈라 생명을 만들고, 자신을 줄여 또 다른 생명을 여무는 일.
그것이 잎이 매일 반복하는 가장 과학적이면서도 가장 아름다운 사랑이다.

건네주기 위해, 저는 지금도 햇빛의 문 앞에서 조용히 줄을 서 있어요.

상수 올림

▲ 산할아버지의 답장

상수야, 네 편지를 읽으니 어미 아까시나무가 흘려보낸 빛의 무게가 고스란히 너의 문장 속에 스며 있구나. 네가 말한 달콤함과 담백함은 어미가 매일 잎을 열어 햇빛과 물, 공기를 조리해 만든 선물이란다. 광합성의 세부 과정—빛이 물을 갈라 전자를 얻고, ATP[10]와 NADPH[11]를 만들어 이산화탄소를 당으로 바꾸는 일—은 앞에서 이미 짚어 주었지.

중요한 건, 그 결과로 생겨난 당이 어디로, 어떻게 흘러가는가 하는 문제다. 학자들은 이것을 동화산물의 '분배allocation'라고 부른단다. 나무는 언제나 세 갈래 길에서 선택해야 한다. 자기 몸을 키우는 성장, 뿌리와 줄기에 쌓아 두는 저장, 그리고 씨앗과 열매로 이어지는 생식. 너는 지금 바로 그 '생식'의 선택 속에서 자라고 있는 거란다.

어미 아까시나무는 한 해 동안 잎에서 모은 광합성 산물 가운

---

10   아데노신 삼인산(Adenosine Triphosphate)은 세포 내 에너지 통화 단위로, 에너지 저장과 전달에 쓰인다.

11   니코틴아마이드 아데닌 다이뉴클레오타이드 인산(Nicotinamide Adenine Dinucleotide Phosphate)은 전자와 수소를 운반해 광합성의 탄소 고정 과정에 사용되는 보조 인자다.

데 일부를 네 자리를 위해 흘려보낸다. 수치로 말하자면, 평년에는 전체 생산^{NPP}의 2-8퍼센트 정도가 씨앗으로 향하고, 풍년인 해에는 10퍼센트를 넘기도 한단다. 작은 몫처럼 보이지만, 바로 그 한 줌이 숲의 미래를 여는 씨앗으로 바뀌는 거지. 참고로 과학자들이 계산해 본 적이 있다. 어미 아까시나무 한 그루는 1년에 대략 6-12킬로그램의 씨앗을 맺는다더구나. 씨앗 하나가 0.02-0.03그램쯤 되니, 합치면 24만에서 48만 알이나 되는 숫자야. 꼬투리로 환산하면 4만-8만 개쯤 되지. 작은 씨앗 하나를 여무는 데도 그만큼의 빛과 시간이 스며 있는 것이란다.

그러니 기억해라. 상수야, 네가 받은 한 알의 달콤함은 햇살과 바람, 빗방울을 모아 어미가 정성껏 빚어낸 삶의 결정체란다. 어미 잎이 겹치지 않게 펼쳐진 이유, 줄기를 곧게 세운 이유, 뿌리를 멀리 뻗은 이유는 모두 그 빛의 예산을 조금이라도 더 넉넉히 받아 씨앗에게 건네주기 위함이었다. 네가 지금 그 몫을 이어받아 자라고 있다는 사실이 바로 숲의 약속이자 기적이지!

산할아버지가

자리
생명의 배치와 운명의 리듬

아까시나무의 꼬투리를 열었을 때, 마치 오래된 서랍을 여는 듯 가슴이 두근거렸다. 그 안에는 작은 의자들이 고요히 줄지어 있었고, 씨앗들은 저마다의 표정으로 앉아 있었다. 서로의 어깨에 기댄 듯, 어미 나무의 숨결을 품은 듯, 그 차분한 배치는 우연을 넘어 오래된 문법처럼 느껴졌다.

가운데에 앉은 씨앗은 태양의 숨을 먼저 받는 듯 윤기가 돌았고, 가장자리에 앉은 씨앗은 조금 더 조용했지만 바람의 기척을 깊게 안고 있었다. 바닥에 가까이 앉은 씨앗은 흙의 온기를 먼저 품었고, 벽에 기댄 씨앗은 차분히 습기를 모으며 여물고 있었다. 한 알 한 알, 앉은 자리마다 작은 우주가 열리고 있었다.

나는 다른 나무들의 열매도 열어 보았다. 무궁화의 방 속에서는 씨앗들이 중심 기둥을 감싸듯 모여 있었고, 족제

아까시나무 씨앗과 열매
얇은 껍질 속에서 세상을 품고 앉은 아까시나무의 아이들

비싸리 꼬투리에서는 씨앗들이 측벽을 따라 정갈하게 늘어서 있었다. 개옻나무의 작은 열매 안에는 씨앗들이 한 알씩 고요히 자리 잡고 있었고, 쇠별꽃에서는 벽이 사라지고 중앙 기둥에만 매달린 씨앗들이 빛을 향해 눈을 들고 있었다. 그 배열 하나하나가 생명의 문법이었고, 생존의 전략이었다.

그날 이후 나는 열매를 볼 때마다 먼저 자리를 읽는 습관이 생겼다. 자리란 단순히 놓인 공간이 아니었다. 그것은 영양이 도달하는 길이고, 온기와 습기가 드나드는 문이었다. 자리는 씨앗에게 말했다. "여기서 자라라. 이쪽으로 깨어나라."

삶도 이와 다르지 않다. 누군가는 중심에, 누군가는 가장자리에, 누군가는 어둠 가까이에 앉는다. 그 차이는 다른 눈으로 숲을 바라보게 하는 시작이었다. 중심에 앉으면 넓은 하늘을 먼저 보고, 가장자리에 앉으면 바람의 이야기를 먼저 듣는다. 땅에 가까운 자리에 앉으면 깊은 울림을 먼저 느끼고, 벽에 기대어 앉으면 고요의 숨을 먼저 배운다. 나는 그 자리들을 바라보다가 문득 스스로에게 물었다. '나는 어디에 앉아 있었는가? 어떤 태좌에 기대어 살아왔는가?'

삶은 언제나 자리를 요구한다. 주어진 자리는 운명의 첫 문장이자 해석의 단서다. 씨앗은 앉음으로 말하고 기다림으로 깨어난다. 그 자리는 언젠가 숲을 이루는 첫걸음이 된다.

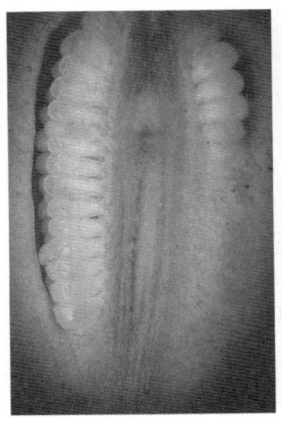

무궁화
중축태좌(axile placentation)

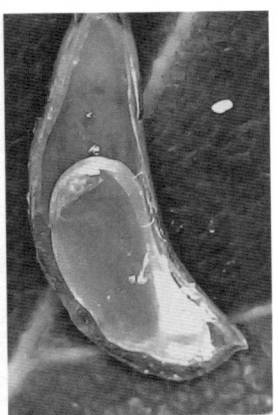

족제비싸리
변연태좌(marginal placentation)

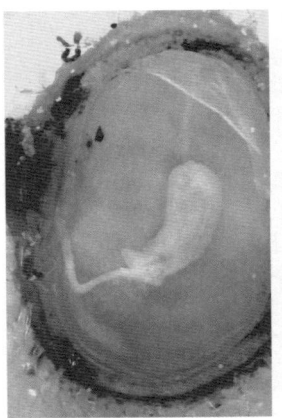

개옻나무
기저태좌(basal placentation)

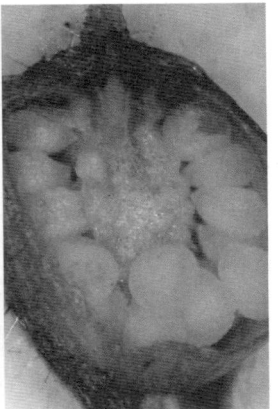

쇠별꽃
독립중앙태좌(central placentation)

ⓒ전현정

한가위 달빛처럼 넉넉히 내려앉은 씨앗들의 자리를 보며, 생명의 배치가 곧 은총이자 기적이라는 것을 알았다.

🌿 태좌의 편지

산할아버지, 저는 자리로 말하는 존재입니다. 제 몸에 씨앗들이 매달려 저를 통해 물과 영양, 신호를 받습니다. 어떤 아이는 중앙에서 숨을 먼저 들이마시고, 어떤 아이는 가장자리에 기대어 조금 늦게 여뭅니다. 모두가 같은 속도로 크진 않지만, 그 차이가 숲의 질서가 될 것을 압니다.

저는 모든 아이들에게 같은 길을 줄 수는 없습니다. 그러나 각자에게 다른 문을 내어 주고, 다른 풍경을 보여 줍니다. 먼저 자라는 아이는 숲에 그늘을 드리우고, 늦게 자라는 아이는 빈틈을 채우겠지요. 차이는 서로를 맞추어 가는 리듬이고, 다름은 숲을 지켜 내는 지혜가 됩니다.

저의 몫은 붙잡아 두는 데 머무르지 않고, 생명의 첫 문장을 건네는 일입니다. 씨앗은 제가 내어 준 자리에서 세상을 배우고, 그 자리에서 세상으로 나아갑니다.   태좌 올림

▲ 산할아버지의 답장

태좌야, 네 편지를 읽으니 씨앗이 앉은 자리가 얼마나 깊은 의미를 품고 있는지 새삼 깨닫는다. 네가 맡고 있는 일은 생명의 통로를 여는 일이란다. 너를 통해 당과 물, 신호가 흘러가고, 그 차이가 씨앗의 크기와 발아력, 심지어 뿌리의 방향까지 바꾸어 놓지.

식물학자들은 네가 맡은 배치를 네 가지로 설명해 왔다. 중앙 기둥에 붙는 중축태좌, 벽을 따라 늘어서는 변연태좌, 바닥에 한 점으로 이어지는 기저태좌, 그리고 가운데 기둥만 남아 벽이 사라지는 독립중앙태좌. 각기 다른 방식이지만, 모두 씨앗에게는 운명을 열어 주는 자리다.

상수리나무의 도토리를 보아라. 암꽃의 자방은 세 칸으로 나뉘고, 칸마다 배주가 두 개씩 달려 모두 여섯 개가 가능하단다. 그러나 실제로는 보통 한 알만 성숙해 열매가 된다. 나머지는 퇴화해 사라지지. 하나의 도토리 뒤에는, 여섯 개의 자리에서 일어난 선택과 조율이 숨어 있는 것이다.

네가 말한 대로, **차이는 숲을 단단히 지탱하는 뿌리이자 안정의 토대**가 된다. 먼저 자란 씨앗은 숲을 이끌고, 늦게 자란 씨앗은 빈틈을 메우며 세대를 이어 간다. 이렇게 다른 자리에서 다른 길을 택하기에 숲은 한 번에 무너지지 않고, 균형과 다양성을 이어

가는 것이다.

    태좌야. 네가 열어 준 자리는 씨앗 하나의 운명이면서 동시에 숲 전체의 질서를 지탱하는 첫걸음이란다. 네 조용한 수고가 숲을 더 넓고 깊게 한다.   산할아버지가

관계
연결, 책임, 그리고 끝없는 헌신

씨앗은 혼자 깨어났지만, 곁에는 이미 누군가가 있었다. 아직 말을 배우지 않았어도, 흙 속 어둠에서, 뿌리 옆의 생명을 감지할 수 있었다. 균류의 미세한 손길, 흙의 촉감, 곁의 온기가 말보다 먼저 씨앗을 안심시켰다. 그때 처음 알았다. **곁에 있다는 것, 그것이 곧 생존이라는 것을.** 레비나스Emmanuel Levinas, 1906~1995[12]는 말했다. "얼굴은 말보다 먼저 책임을 요구한다." 씨앗은 얼굴을 알기도 전에 이미 타인의 책임 속에 있었다. 뿌리를 내린 존재를 마주했을 때 씨앗은 방향을 바꾸었다. 그것은 제 삶의 반지름을 존중하는 선택이었다. 호두나무와 쑥, 민들레처럼 어떤 생명은 화학

---

[12] 20세기 프랑스 철학자로, 존재론을 넘어 윤리를 제1철학으로 제시했다. 그는 '타자의 얼굴'이 우리에게 다가와 책임을 요구한다고 보았으며, 인간은 무엇보다 타자에 대한 응답과 책임 속에서 존재한다고 주장했다.

신호를 흘려보내며 거리를 둔다. 타감작용allelopathy[13]. 호두나무의 주글론juglone[14], 쑥과 민들레에서 보고된 물질들이 주변 씨앗의 발아와 성장을 늦추거나 조절한다. 그러나 그것은 공격이 아니라 자원을 확보하고 서로의 공간을 보존하기 위한 간격 만들기다. **거리는 벽이 아니라, 함께 살아남기 위한 숨결의 틈이다.**

스피노자Baruch Spinoza는 말했다. "자유란 타인의 자유와 조화를 이루는 힘." '나는 뿌리를 뻗되, 너를 침범하지 않았다. 나의 공간을 지키되, 너의 공간을 인정했다.' 그것이 함께 살아가는 숲의 문법이었다. 시간이 지나 씨앗은 꽃이 되었고, 벌과 새가 그 향기에 이끌려 왔다. 우리는 색과 맛, 구조와 시간으로 서로를 읽었다. 말하지 않고도 함께 움직였고, 함께 피어났다. 아렌트Hannah Arendt는 말했다. "우리는 함께 말할 수 있을 때, 함께 존재한다." 씨앗은 말을 하지 않았지만, 존재로 말했고, 움직임으로 대답했다.

그러나 관계의 절정은 언제나 보이지 않는 헌신에 있다. 꽃이 진 뒤에도 어미 나무는 멈추지 않았다. 산복사나무

---

[13] 한 생물이 다른 생물(특히 식물)의 발아·성장·번식에 영향을 주는 2차 대사산물(secondary metabolites)을 환경에 방출하여 일어나는 현상이다. 용어는 그리스어 알렐론(allelon: 서로)과 파토스(pathos: 영향)에서 유래하였다.

[14] 호두나무속(juglans spp.)에 속하는 나무들에서 나오는 화합물로, 주변 식물의 발아와 성장을 억제하는 알렐로파시(allelopathy) 물질이다. 이 때문에 호두나무(juglans nigra) 주변에는 다른 식물들이 잘 자라지 못한다.

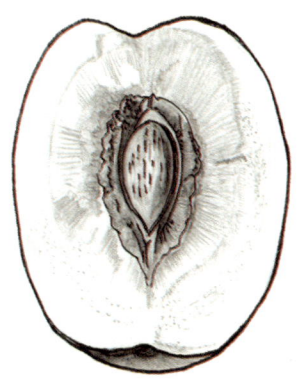

산복사나무 씨앗
달콤한 살 속에 감춰진 작은 약속, 어머니의 헌신으로 세상에 온 씨앗

 씨앗의 화려함이 사라진 뒤에도 광합성을 이어 가며, 수분을 끌어올려 씨앗에 양분을 흘려보냈다. 그것은 몸이 남긴 생리적 흔적이자, 동시에 기억을 이어 가는 본능이었다. 누군가 멈추지 않고 씨앗에게 흘려준 빛과 물과 온기를 다시 흘려보내는 일, 그것이 곧 어머니의 리듬이었고 생명의 윤리였다.

 씨앗이 모두 날아간 뒤에도, 나무는 조용히 그 자리에 서 있었다. 바람이 불어도 붙잡지 않았고, 비가 내려도 매달리지 않았다. 보내고, 비우고, 기다렸다. 그러다 가지 하나를 흔들며 문득 생각한다. '그 아이는 지금 어디쯤일까? 잘 뿌리내렸을까….' 그러나 간섭하지 않는다. 기억하되, 돌아선다. 그것이 어머니의 사랑, 어른이 된 생명의 방식이다.

우리는 도와 주는 존재가 아니라, 서로가 없으면 살 수 없는 존재다. 나는 말이 없지만, 나의 존재는 누군가를 향해 기울어져 있다. 숲은 씨앗들의 말 없는 협약이었다. 모두가 말하지 않았지만, 모두가 연결되어 있었다.

말보다 먼저 닿는 것. 숲의 관계는 말로 시작되지 않는다. 흙 속 뿌리의 감각, 곁의 존재를 피해 가는 방향, 꽃과 벌이 나누는 색과 향의 대화—보이지 않아도 서로를 살게 하는 언어들, 그것이 숲의 관계다.

 민들레의 편지

산할아버지, 저는 바람을 붙잡지 않아요. 흙에 오래 머물고 싶지만, 제 몸은 늘 떠날 준비를 하고 있지요. 흩어짐은 외로움이 아니라 약속입니다. 저는 가까움이 전부가 아님을 일찍 알았어요. 너무 가까우면 서로가 마르고, 너무 멀면 서로가 추워지니까요. 그래서 저는 간격 속에서 살아갑니다.

바람이 저를 데려갈 때, 저는 스스로를 잃지 않고 숲을 넓히는 길을 택합니다. 떠남 속에서 누군가의 자리가 열리고, 비워 둔 공기 속에는 새로운 숨결이 들어옵니다. 저는 작은 존재지만, 흩어짐으로 숲을 크게 하고 싶습니다.   민들레 올림

▲ 산할아버지의 답장

민들레야, 네 편지를 읽으며 나는 숲의 오래된 원리를 다시 확인했단다. 네가 택한 흩어짐은 생태계 전체를 이어 가는 중요한 전략이지. 생리학적으로 보자면, 너는 바람을 이용해 씨앗을 퍼뜨리는 '풍산포風散布' 방식을 진화시킨 씨앗이란다. 가벼운 '관모 pappus'[15]는 공기 저항을 극대화하여 멀리 날아가도록 설계되었다. 그것은 우연이 아니라 숲 전체의 다양성과 분산을 보장하는 장치다. 네가 말한 '간격' 역시 식물학에서는 오래전부터 관찰되어 왔지. 호두나무의 주글론, 쑥과 같은 식물의 타감작용은 경쟁을 넘어, 서로의 생존 가능성을 넓히려는 조율이다.

철학자 스피노자가 말했듯 '자유란 타인의 자유와 조화를 이루는 힘'이다. 너의 흩어짐은 바로 그 조화의 힘을 숲속에서 실천하는 방식이다. 어미 나무가 꽃이 지고 난 뒤에도 광합성을

---

15 꽃의 꽃받침(calyx)이 변형된 구조로, 국화과 식물에서 특히 잘 발달한다. 보통 털, 깃털, 비늘 모양으로 나타난다.

멈추지 않고 씨앗으로 양분을 흘려보내는 행위는 단순한 생리 현상이 아니다. 그것은 기억에 기초한 헌신이며, 다음 세대를 향한 윤리적 행위다.

레비나스의 '얼굴은 말보다 먼저 책임을 요구한다'는 말처럼, 네 존재도 이미 타인의 책임 속에서 이루어지고 있다. 그러므로 네가 흩어짐으로써 내어 준 간격과 자리 비움은 이 숲이 지속될 수 있는 가장 오래된 사랑의 형식이다.

민들레야, 너는 작은 존재지만 네가 흩어지는 순간, 숲은 너를 통해 더 넓고 깊은 리듬을 배운단다.　　　　산할아버지가

전략
나무들이 발명한 생존과 순환의 기술

　　씨앗은 작지만, 이미 숲보다 오래된 기술자다. 불길이 숲을 삼키면, 어떤 씨앗은 그 순간을 기다렸다는 듯 깨어난다. 잿빛 흙 위에 먼저 돋아나는 싹은, 죽음의 자리에서 새 생명을 시작한다. 끝은 새로운 문이었고, 재는 흙의 양식이 되었다. 바람은 또 다른 문이었다. 단풍은 한 바퀴 두 바퀴 돌며 착지 시간을 늘리고, 버드나무 솜씨앗은 하늘의 결을 타고 멀리까지 흩어진다. 누군가는 그 길을 스스로 연다. 봉선화는 작은 폭죽처럼 몸을 터뜨려, 저 멀리 자신을 던진다. 씨앗은 홀로 움직이지 않지만, 늘 새로운 이동술을 발명해 왔다. 때로는 몸을 빌렸다. 도깨비바늘의 갈고리는 동물의 털에, 버찌의 붉은 열매는 새의 부리에 매달렸다. 먹히는 길, 달라붙는 길, 지나가는 몸을 통과해 더 멀리 가는 길. 씨앗은 타자와의 만남을 오래전에 설계해 두었다.

그러나 모든 곳이 집이 될 수는 없다. 흙을 더듬고, 습도를 읽고, 빛을 기다리며 침묵 속에 머문다. 때가 차오를 때까지 문지방에서 숨을 고르는 것이다. 기다림조차 전략이다. 그리고 마침내 뿌리내린 곳에서 씨앗은 숲을 바꾼다. 자작나무는 햇빛의 지붕을 낮춰 그늘을 부르고, 아까시나무는 뿌리혹을 만들어 황폐한 땅에 질소를 돌려준다. 버드나무는 범람한 강가를 붙들며 질서를 만든다.

씨앗은 오래전부터 숲을 설계해 온 건축가였다. 인간 또한 그 설계의 여백에 발자국을 남겼다. 벼와 밀, 옥수수와 감자는 인간의 식탁을 통해 더 넓은 세계로 퍼졌다. '심어줘, 길러줘, 먹어줘. 나는 너에게 에너지를 줄게.' 씨앗은 바람과 불, 동물과 인간을 초대해 자신의 길을 확장해 왔다. 우리가 과학이라 부르는 원리는, 이미 씨앗 속에 오랫동안 살아 있었다.

🌿 **상수의 편지**

산할아버지, 오늘 저는 다섯 가지 길을 만났어요. 불이 지나간 자리에 남는 빈틈의 시간, 바람결을 타고 늘어나는 거리의 시간, 누군가의 몸을 빌려 멀어지는 관계의 시간, 도착해도 서두

자작나무 씨앗
양옆의 얇은 날개 덕분에 천천히 회전하며 착지하여 더 넓은 영역으로 확산할 수 있다.
숲에서 자작나무 씨앗이 봄바람에 흩날리는 모습을 보자면, 마치 잔설이 흩어지는 듯 보인다.

르지 않는 기다림의 시간, 그리고 자라며 숲을 바꾸는 설계의 시간. 어떤 날엔 가벼워져야 했고, 어떤 날엔 무거워져야 했어요. 어떤 때는 기다림이, 어떤 때는 결단이 제 편이었지요.

　저는 아직 작지만, 이 길들을 기억한다면 제 몸으로도 다음 숲의 문을 조금 더 크게 열 수 있으리라 믿어요.　　상수 올림

▲ 산할아버지의 답장

　상수야, 네가 본 다섯 가지 길은 숲이 세대를 거듭하며 남긴 발자국이자, 살아남기 위한 전략이란다. 내가 과학의 언어로 다시 들려주마.

먼저, 불 이후의 길이다. 어떤 씨앗은 불을 기다린다. 불이 지나간 자리에서만 깨어나도록 설계된 거지. 높은 열이나 연기 속에 들어 있는 물질이 씨앗의 휴면을 깨운단다. 경쟁자가 사라지고, 재와 숯이 흙을 살리고, 빛이 가득 들어오는 그때를 기회로 삼는 거다. 이들의 장점은 다른 나무들이 모두 쓰러진 빈자리에서 가장 먼저 뿌리내릴 수 있다는 거다. 하지만 단점도 있지. 불이 일정한 주기로 나지 않으면 깨어날 수 없고, 불이 너무 강하면 씨앗 자체도 사라져 버린단다.

두 번째는 바람의 길이다. 단풍 씨앗의 날개는 빙글빙글 돌면서 천천히 떨어지고, 버드나무 솜씨앗은 공기보다 가벼운 듯 흩날린단다. 공기역학을 읽어 낸 정교한 구조다. 덕분에 아주 멀리까지 이동할 수 있어. 하지만 바람은 늘 방향을 정해 주지 않지. 좋은 자리에 도착할 확률은 낮고, 수많은 씨앗이 낭비되기도 한단다.

세 번째는 남의 몸을 빌리는 길이다. 도깨비바늘이나 도꼬마리는 털에 달라붙어 여행을 떠나고, 산벚이나 호두는 동물에게 먹혀 그 뱃속을 지나간다. 배설물과 함께 나온 씨앗은 거름 속에서 쉽게 자라지. 긴 거리와 비옥한 포장을 얻는 장점이 있지만, 동물이 먹어 주지 않으면, 혹은 먹힌 뒤 소화관에서 파괴되면 기회가 사라진단다.

네 번째는 자리를 고르는 길이다. 모든 땅이 집이 될 수는 없어. 씨앗은 흙 속에서 긴 시간을 버티며 때를 기다리지. 발아를 막는 호르몬이 깨어나지 않도록 붙잡아 두다가, 수분과 온도, 빛이 맞아떨어질 때 다른 신호가 작동해 비로소 껍질을 연단다. 장점은 위험한 시기를 피할 수 있다는 것이고, 단점은 조건이 오랫동안 충족되지 않으면 세대를 잇지 못할 수도 있다는 거다.

마지막은 숲을 다시 그리는 길이다. 씨앗은 숲을 열어 가는 설계자야. 아까시나무는 질소를 뿌리에 고정해 척박한 땅을 살리고, 자작나무는 빠르게 자라며 빛의 지붕을 낮춰 그늘 식물을 부른단다. 버드나무는 강가를 붙들어 흙이 쓸려 가지 않게 막지. 숲 전체의 질서를 바꾸고 새로운 길을 여는 힘을 가진 거란다. 하지만 때로는 이 힘이 너무 강해 다른 종을 밀어내고 단순한 숲을 만들기도 해. 외래지에서는 침입종이 되어 문제를 일으키기도 하지.

상수야, 이렇게 다섯 길은 각기 다른 기술이면서도, 늘 장점과 약점이 함께 있는 선택이란다. 숲은 어느 하나만 고집하지 않고, 이 모든 길을 동시에 품어 내어 안정성과 다양성을 유지한단다. 네가 기록한 작은 깨달음은 사실 숲이 수백만 년 동안 실험하고 증명해 온 오래된 진리야. 그러니 네가 본 길들을 잊지 말고, 네 몸에 새겨 살아가거라. 산할아버지가

제1회 씨앗 생존전략 자랑대회

공식 보고서에는 기록되지 않았지만,
분명 어딘가에서 열렸을 그날의 대화

장 소: 비공개 숲속 회의장

주 최: 세계 식물 씨앗 연합(WSU, World Seed Union)

기 록: 솔방울 유전자 보관 담당자

참석자: 소나무 씨앗(사회자), 민들레, 도꼬마리, 산벚, 봉선화, 유칼립투스, 벼, 옥수수, 밀, 콩 등의 씨앗들(청중), 소나무(인터뷰 담당자), 산할아버지

개회 선언

소나무 씨앗:
"자, 제1회 씨앗 생존전략 자랑대회를 시작하겠습니다! 오늘도 먼 길을 오신 각 전략 대표님들, 준비되셨나요?"

참석자들: (웅성웅성, 바람 흔들리는 소리)
"네에에~!"

1. 풍산포 전략
민들레

소나무 씨앗:
"먼저, 하늘을 누비는 바람의 여행자를 모십니다!"

민들레:
"저는 깃털 같은 관모* 덕분에 2킬로미터 이상 훌쩍 날아갑니다. 비행은 곧 자유! 그래서 '하늘의 여행자'라 불리지요."

씨앗들: (바람 소리와 함께 작은 박수)

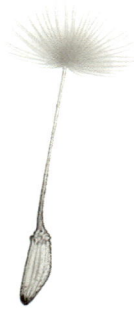

과학 메모

* 공기 저항을 키워 씨앗을 멀리 날리도록 돕는 구조

2. 부착 산포 전략
도꼬마리

소나무 씨앗:
"다음은… 붙잡았다 하면 절대 놓지 않는 고수!"

도꼬마리:
"저는 갈고리 구조로 동물과 사람에게 찰싹 붙습니다. 옷·털·가방…. 뭐든 제 택시죠. 떨어질 생각? 전혀 없습니다."

씨앗들:
"오~ 집착력!"

과학 메모
표면의 역방향 갈고리가 물리적으로 걸려 떨어지지 않고 이동 거리를 늘린다.

3. 내생 산포 전략
산벚

소나무 씨앗:
"이번엔 달콤함으로 생존하는 전략가!"

산벚:
"저는 스스로 달콤해져서 먹히는 길을 택합니다. 새와 같은 숲속 동물이 먹고 멀리 이동한 뒤, 영양분까지 얹어서 배설되죠. '맛있는 생존'이 제 전략입니다."

씨앗들: (군침 삼키는 소리)

> **과학 메모**
> 과육은 동물을 유인하고, 배설은 발아에 유리한 환경을 제공한다.

4. 탄성 산포 전략
봉선화

소나무 씨앗:
"자립심 강한 친구, 무대 위로!"

봉선화:
"저는 '팡!' 하고 껍질을 터뜨려 씨앗을 스스로 발사합니다. 남 도움 없이, 제 힘으로 날아가는 '자립형 전략'이죠."

씨앗들: (터지는 소리 효과)
"와아~!"

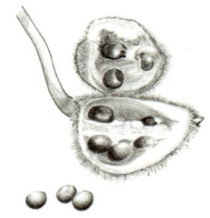

과학 메모
열매가 마르면서 수축할 때 생기는 물리적 힘으로 씨앗을 발사한다.

5. 열개 산포 전략 pyrophilic
유칼립투스

소나무 씨앗:
"끝판왕, 불을 기다리는 강철 멘털의 전략가!"

유칼립투스:
"저는 산불이 지나가야만 열립니다. 극한에서 시작하는 드라마틱한 삶이죠."

씨앗들:
"와…. 그건 진짜…."

과학 메모

고온이 열매 껍질을 열어 발아를 유도한다.

번외. 인위적 산포 전략
벼·옥수수·밀·콩

소나무 씨앗:
"마지막은… 인류와의 합작 팀입니다!"

벼:
"우린 인간이 심어 줍니다. 물·비료·보호까지 풀케어."

옥수수:
"움직이지 않아도 지구 곳곳으로 퍼졌죠."

밀:
"문명과 함께 성장했습니다."

콩:
"우린 말하자면… 인간을 재배하는 씨앗입니다."

씨앗들: (웃음과 박수)

과학 메모
인간 농업 활동에 의존해 전 세계로 확산한다.

> **결 론** 기존 전략: 바람·부착·먹이·탄성·불 등 자연 산포
>
> 신규 전략: 인간 감성과 식탁을 이용한 인위적 산포
>
> **소나무 씨앗:**
> "멀리 가는 것이 곧 살아남는 것입니다. 방법은 달라도 목적은 같습니다. 오늘 발표하신 모든 전략가들, 멋졌습니다!"

회의가 끝나자, 숲속은 다시 고요해졌다. 그러나 발표자들의 전략은 이미 실행 중이었다. 바람을 타고, 동물의 털에 달라붙고, 사람의 손에 들려, 그들은 회의장을 떠나 숲 곳곳으로 흩어졌다. 다음 회의 때, 또 어떤 기발한 전략이 탄생할까—아마 그건, 지금 이 순간 우리 곁에서 이미 시작되고 있을 것이다.

씨앗의 전략은 결국 두 가지 질문에 대한 답이다.

어떻게 멀리 갈 것인가?
어떻게 안전하게 도착할 것인가?

바람·동물·불·자기 발사 그리고 인간—방법은 달라도 목적은 같다.

특별 인터뷰

소나무 × 산할아버지

소나무:

"오늘 들은 다섯 전략이 참 인상적이었습니다. 하지만 청중은 궁금할 겁니다. 오늘 특별히 모신 산할아버지께 여쭙겠습니다. '정말 이런 전략들이 과학적으로도 의미가 있을까요?'"

산할아버지:

"좋지. 씨앗들의 이야기는 늘 시적이지만, 동시에 과학적 사실이기도 하단다."

◆

소나무:

"먼저, 민들레 같은 바람 씨앗은 2킬로미터까지 날아간다는 게 사실인가요?"

산할아버지:

"맞아. 풍산포 전략이지. 단풍 날개 씨앗의 회전은 낙하 속도를 늦추고, 솜털은 공기를 붙잡아 오래 부유하게 한단다. 장점은 넓은 영역에 퍼질 수 있다는 것이지만, 좋은 자리로 갈 확률이 낮아 수많은 씨앗이 헛되이 사라진다는 단점이 있단다."

◆

소나무:

"그렇다면 도꼬마리나 도깨비바늘의 전략은요? 한번 달라붙으면 떨어지는 법이 없다고요?"

산할아버지:

"그렇단다. 부착 산포는 달라붙어 퍼진다는 의미다. 동물의 털에 달라붙어 멀리 이동할 수 있고, 갈고리 구조 덕에 쉽게 떨어지지 않아 안전하지. 단점은 동물 없이는 제자리에 머무를 수밖에 없는 거란다."

◆

소나무:

"산벚나무 열매 버찌처럼 동물에게 먹히는 전략은 맛있어 보이던데, 그건 어떤가요?"

산할아버지:

"그건 내생 산포라고 부른단다. 과육은 동물을 유혹하고, 씨앗은 배설물과 함께 멀리 옮겨지지. 장점은 먼 거리 이동과 비옥한 배설물 덕을 동시에 본다는 것이고, 단점은 동물에 지나치게 의존한다는 것이란다. 먹히지 않거나, 소화 과정에서 파괴되면 끝이지."

◆

소나무:

"봉선화처럼 자기 힘으로 터지는 전략은요?"

산할아버지:

"봉선화의 전략을 탄성 산포라고 한다. 장점은 외부에 의존하지 않는다는 점이고, 단점은 거리가 멀지 않아 모식母植 주변에 몰릴 수 있다는 점이지."

소나무:

"마지막으로 유칼립투스처럼 불이 난 이후에 싹을 틔우는 전략은 극적이더군요. 정말 가능한 건가요?"

산할아버지:

"그렇단다. 이를 열개 산포 전략이라고 부르지. 어떤 종의 씨앗은 고온이나 연기 속 화학물질(카라킨 등)에 의해 억제가 풀려 발아한다. 장점은 경쟁자가 없는 빈터를 선점할 수 있다는 것이고, 단점은 불이 주기적으로 나지 않으면 기회를 얻지 못한다는 점이지."

◆

소나무:

"오늘 나온 전략들, 그리고 인간과 손잡은 곡물 씨앗들까지…. 결국 무엇을 말해 주는 걸까요?"

산할아버지:

"씨앗의 전략은 결국 하나의 답으로 모아진단다. 멀리 가고, 안전하게 도착하라. 방법은 달라도 목적은 같지.

이것은 생존의 기술을 넘어, 과학이 증명해 온 원리이자 숲이 오래전부터 지켜 온 교훈이란다. 그런데 우리는 늘 착각하곤 하지. 진화란 화려한 색깔과 강렬한 향기 속에서만 이루어진다고. 그러나 벼과 식물들을 보아라. 그들의 다른 전략은 다 버리고 단 하나에만 집중한단다. 매개자의 입맛, 곧 인간의 혀와 위장을 사로잡는 단순한 전략. 이 단순함 속에서 그들은 인류와 손잡고 지구의 가장 넓은 땅을 차지했지. 화려함보다 단순함, 그 단순함이야말로 진화가 도달한 또 하나의 경지란다."

소나무:
"말씀 잘 들었습니다. 이것으로 제1회 씨앗 생존전략 자랑대회를 마치겠습니다."

제2회 씨앗 생존전략 자랑대회

토론과 반론:
완벽한 전략은 없다. 숲은 다양성으로 완성된다

장 소: 비공개 숲속 회의장

주 최: 세계 식물 씨앗 연합(WSU, World Seed Union)

기 록: 솔방울 유전자 보관 담당자

참석자: 소나무 씨앗(사회자), 민들레, 도꼬마리, 산벚, 봉선화, 유칼립투스 등의 씨앗들(청중), 소나무(인터뷰 담당자), 산할아버지

1. 토론 개시

소나무 씨앗:

"여러분, 화려한 발표 잘 들었습니다. 그런데 모든 전략이 완벽하진 않겠지요? 이제 서로의 장단점을 짚어 볼 시간입니다. 각자 반론을 제기해 주시죠."

2. 씨앗들의 토론과 반론

민들레:
"나는 바람을 타고 멀리 간다고 자랑했지만, 사실 내 씨앗이 도착한 곳은 대부분 길바닥이나 돌 틈이야. 멀리 가도 뿌리내릴 자리를 만나지 못하면 아무 소용없어."

도꼬마리:
"그건 그래. 나는 한번 붙으면 확실히 옮겨지니까 안전하지. 하지만 솔직히 말해서, 동물이 움직이지 않으면 나도 제자리걸음일 뿐이야. 택시에 탈 수 없다면 나의 집착력은 그냥 헛수고지."

산벚:
"나는 달콤함으로 동물을 유혹하지만, 누군가 먹어 주지 않으면 내 씨앗은 땅에 굴러다니며 썩어 버려. 더구나 때로는 동물의 이빨에 씹혀서 끝나기도 하지. '맛있는 전략'이 늘 성공적이진 않아."

봉선화:

"나는 내 힘으로 '팡!' 하고 날려 버리니 자유로워 보이지? 하지만 거리가 짧아. 결국 어미의 발치 근처에 모이게 돼. 그러면 형제끼리 경쟁하다가 많은 씨앗이 살아남지 못해."

유칼립투스:

"너희는 그래도 평범하구나. 나는 아예 불이 나야만 열릴 수 있어. 불이 지나간 자리를 독차지하는 게 장점이지만, 불이 안 나면 수십 년, 수백 년을 닫혀 있어야 하지. 불이 없으면 내 인생도 없는 거야."

3. 결론을 향한 대화

민들레:

"그러니까 결국, 누구도 완벽하지 않다는 거네."

산벚:

"맞아. 나는 달콤함이 필요하고, 민들레는 바람이 필요하지. 각자 다르지만, 결국 숲이 우리를 다 품고 있어."

봉선화:

"나의 짧은 도약도, 민들레의 긴 비행도, 산벚의 단맛도, 유칼립투스의 불길도…. 각자 다 다르지만 모두 필요하지 않을까?"

도꼬마리:

"결국 숲은 우리 각자의 부족함을 다른 전략으로 채우는 거네. 다양성이 답이야."

씨앗들: (웅성웅성, 끄덕끄덕)

산할아버지:

"그래, 잘 보았다. 너희 각자의 전략은 모두 훌륭하지만, 동시에 불완전하단다. 민들레는 멀리 가지만 뿌리내릴 곳이 적고, 도꼬마리는 확실히 달라붙지만 동물에 의존하지. 산벚은 영양분까지 얻지만 먹히지 않으면 끝이고, 봉선화는 자립적이지만 이동 거리가 짧단다. 유칼립투스는 불이 없으면 영원히 닫혀 있지.

그러나 **숲은 이 불완전함을 모아 하나의 완전함을 만든**

다. 어느 한 전략이 지배하면 숲은 단순해지고, 단순한 숲은 오래 살지 못하지. 숲은 다양성을 품을 때 가장 안정된단다.

그러니 기억해라. **완벽한 씨앗은 없다. 그러나 함께일 때 숲은 완벽하다.** 이것이 너희가 세대를 이어 온 가장 큰 전략이자, 숲이 우리에게 남겨 준 오래된 교훈이란다."

문명
인간과 손을 잡은 씨앗들

몇몇 씨앗은 바람도 물도 동물도 잠시 내려놓고, 하나의 거대한 존재와 동맹을 맺었다. 그 존재의 이름은 인간. 씨앗은 우리의 입맛과 습관, 도구와 제도를 설득했고, 인간은 씨앗의 시간표에 맞춰 마을을 짓고, 밭을 갈고, 저장고를 세웠다. 누가 누구를 길들였는지—그 대답은 아직도 쉽지 않다. 그날, 네 명의 친구가 산할아버지 숲을 찾아왔다. 벼, 옥수수, 감자, 그리고 밀. 오랜 숲의 주인 앞에 앉아, 차례로 자신의 이야기를 들려 주었다.

벼:

산할아버지, 저는 바람도 못 타고, 화려한 꽃도 없어요. 하지만 저는 맛을 가졌습니다. 그 맛 하나가 인간의 입을 붙잡았지요. 사람들은 저를 위해 물길을 내고, 잡초를 뽑고, 병을 막아 주었습니다. 저는 날개도 갈고리도 없지만, 밥상 위에서 대륙을 건너갔습니다.

산할아버지: (미소를 지으며)

그래. 벼야, 네 단순한 길은 오히려 강력했다. 너의 탈립성 shattering[16]이 줄어들며 인간의 손에 더 의존하게 되었지만, 그 대가로 반구의 식탁을 차지했구나. 맛은 단순한 취향을 넘어, 관계를 이어 주는 힘임을 네가 보여 주었다.

옥수수:

저는 하나로는 부족했어요. 달콤한 간식이 되기도 하고, 동물의 먹이가 되기도 했지요. 빻으면 빵이 되고, 갈면 기름이 되고, 태우면 연료가 되기도 합니다. 저는 수많은 얼굴을 가진 씨앗이에요. 그래서 더 멀리, 더 깊게 스며들었지요.

산할아버지: (고개를 끄덕이며)

그렇구나. 옥수수야, 너는 다목적성의 귀재구나. 한 가지 쓰임보다 여러 가능성을 품었기에 더 멀리 갈 수 있었지. 식탁을

---

[16] 야생 벼는 탈립성이 강해 씨앗이 자연스럽게 흩어져 후손을 퍼뜨린다. 그러나 재배 벼는 수확 효율을 높이기 위해 비탈립성(non-shattering)이 선택·육종되었다.

넘어 산업과 제도에까지 스며들며, 너는 단순한 곡식이 아니라 하나의 시스템이 되었다. 너의 다채로움을 칭찬한다.

감자:

저는 숨어 있는 씨앗(씨눈)이에요. 땅속에 몸을 숨긴 채, 눈에 띄지 않았지요. 하지만 한 알로도 많은 사람을 살릴 수 있었고, 때로는 병이 돌면 사람들을 굶주리게도 했습니다. 저는 겉으론 조용했지만, 깊은 땅속에서 관계를 묵묵히 떠받쳐 왔습니다.

산할아버지: (긴 한숨을 쉬며)

감자야, 네 괴경塊莖[17]은 조용하지만 압도적인 힘을 지녔구나. 열량 효율이 높아 인류를 크게 늘렸지만, 단일 품종에 지나치게 의존했을 때는 취약성이 드러났지. 아일랜드의 대기근[18]이 뼈아픈 교훈이다. 네 힘은 위대하지만, 늘 다양성과 함께할 때만 안전하단다. 전하단다.

---

17 줄기의 변형 기관으로, 주로 지하에서 비대해져 전분 등 양분을 저장한다. 감자(solanum tuberosum)와 둥굴레, 원추리도 괴경의 흡사한 형태로 발달한 대표적인 예다.

18 1845년에서부터 1852년까지 아일랜드에서 발생한 대규모 기근. 감자 역병(phytophthora infestans)이 퍼져 아일랜드의 주식인 감자 수확이 급감해 100만 명 이상이 굶어 죽었다.

밀:

저는 사람들의 여정과 함께 걸었습니다. 제가 빵이 되는 순간 도시가 세워지고, 군대가 행군했으며, 제국이 넓어졌습니다. 저는 씨앗이면서 동시에 길이었고, 사람들의 시간표였습니다.

산할아버지: (자상한 눈빛을 띠며)

밀아, 너는 문명의 파트너였구나. 네 알곡은 저장과 수송에 적합했고, 빵은 사람들의 일상과 전쟁을 움직였지. 인간의 역사책을 펼치면, 네 흔적이 없는 장이 없을 정도다. 너는 씨앗의 여정을 문명의 이야기로 바꾼 존재다.

▲ 산할아버지의 편지

얘들아, 너희 넷은 바람도 물도 동물도 아닌, 인간과 손을 잡았다. 그 단순하고 대담한 선택이 문명을 일으켰구나. 나는 너희와 인간이 서로의 삶을 바꾸며 함께 변한 것을 '공진화coevolution'라 부른다. 참으로 놀라운 일이다.

하지만 나는 근심도 느낀다. 인간이 너희 중 하나만 택해 끝없이 한 밭에 심고, 한 품종만 고집한다면 어떻게 될까? 단일재배는 처음엔 풍요를 주지만, 그 풍요는 언제나 위험의 그림자를 드리운다. 한 번의 병, 한 번의 가뭄에 도시와 항구가 흔들리는 이유가 바로 그것이지.

그러니 기억해라. **심어라! 그러나 다양하게. 길러라! 그러나 나누어라.** 완벽한 씨앗은 없지만, 함께 다양할 때 숲도 사람도 오래 산단다. 산할아버지가

휴면
생존의 시계, 깨어나지 않는 씨앗들

숲은 언제나 한꺼번에 깨어나지 않는다. 만약 모든 씨앗이 동시에 눈을 떴다면, 숲은 이미 오래전에 무너졌을 것이다.

씨앗은 깨어남을 미루는 독특한 기술을 지녔다. 식물학자들은 이것을 휴면이라 부른다. 그러나 숲의 언어로 보면, 휴면은 단순한 잠이 아니라 시계다. '아직 아니다'라고 말할 힘, 그리고 '지금이다'라고 결단할 수 있는 지성.

휴면의 기본 생리학 원리와 세부 기작機作은 '기다림(38쪽)' 설명했다. 이제 그 원리가 숲 전체를 어떻게 지탱하고, 미래의 다양성과 회복력을 어떻게 보장하는지를 살펴본다.

휴면이 없다면 벌어질 일들

모두가 동시에 발아한다면
한 나무에서 수천 개의 씨앗이 한 해 봄에 일제히 싹을 틔운다. 처음에는 숲 바닥이 초록으로 덮여 화려하지만, 곧 빛과 물이 모자라 서로를 짓누르며 대부분 말라 죽는다.— 실제로 개량된 벼, 밀은 휴면성이 약해 동시에 발아한다. 농업에서는 편리하지만, 자연에서는 재앙이다.

기후 재난이 닥친다면
늦서리 한 번, 가뭄 한 번, 큰불 한 번에 한 세대 전체가 소멸한다.—사막 식물은 일부는 즉시, 일부는 수년 뒤에 발아한다. 같은 종이라도 시간을 흩어 놓아 세대가 한 번에 무너지지 않도록 한다. 이것이 베트헤징bet-hedging, 위험 분산의 지혜다.

숲의 다양성이 무너진다면
휴면이 없다면 '성급한 자'만 살아남아 숲은 단순해진다.—북방 침엽수의 씨앗은 어떤 것은 즉시, 어떤 것은 2~3년 뒤에 발아한다. 이 시차가 숲의 층위를 만들고, 안정성을 높인다.

토양과 호흡을 맞추지 못한다면

흙과 미생물이 준비되기 전 성급히 나온 씨앗은 뿌리내리지 못한다.—아까시나무 씨앗은 두꺼운 껍질로 인해 수년간 잠들며, 토양이 무르익을 때까지 기다린다.

숲의 회복력이 사라진다면

휴면이 없다면, 큰불이나 홍수 뒤에 숲은 다시 일어서지 못한다.—유칼립투스, 원추리 씨앗은 오랫동안 씨앗은행seed bank 속에 숨어 있다가, 불의 열과 연기 신호를 만나 깨어난다. 불은 숲을 태우면서도 동시에 새싹을 부르는 신호가 된다.

나무에게 휴식이란?

동물은 하루 속에 수면이라는 쉼을 가진다. 낮 동안 쓴 에너지를 밤의 잠으로 회복하며 균형을 잡는다. 그러나 나무는 다르다. 뿌리를 내린 순간부터 수십, 수백 년 동안 멈추지 않고 빛을 모으고 물을 끌어올린다. 중간의 수면은 허락되지 않는다.

그래서 나무가 가질 수 있는 유일한 깊은 휴식은 씨앗 시절의 휴면이다. 태어나기 전, 흙 속 어둠에서 시계를 늦추고, 몸을 최소한으로 숨기며 기다리는 시간. 나무에게 씨앗의 휴면은 인생 전체에서 단 한 번뿐인 충분한 수면이자 가장 깊은 호흡이다.

🍃 상수의 편지

산할아버지, 오늘 저는 '만약 휴면이 없었다면…' 하고 상상해 보았습니다. 모두가 동시에 고개를 내밀었다가 한 번의 늦서리에 쓰러지는 숲, 흙도 비도 준비되지 않았는데 성급히 나온 싹들이 곧 사라져 버리는 풍경. 너무나 빨라서, 너무나 동시에 일어나서, 오히려 아무것도 이어지지 못하는 그림자였어요.

그 장면을 떠올리니, 제 안의 시계가 얼마나 소중한지 알게 되었습니다. 저는 매일 제 안에서 두 목소리를 듣습니다. 하나는 '아직'이라고 말하고, 다른 하나는 '지금'이라고 재촉합니다. 그 둘은 싸우지 않고, 번갈아 양보하며 저를 지켜 줍니다.

산할아버지, 저는 기다림이 사라짐이 아니라는 걸 이제 압니다. 기다림은 숲의 보험이고, 제 생명줄이니까요. 그래서 저는 천천히, 그러나 반드시, 제 차례에 맞춰 문을 열겠습니다.

오늘도 제 안의 시계 소리를 들으며, 상수 올림

▲ 산할아버지의 답장

　상수야, 네가 그런 상상은 사실 숲이 늘 마주하는 위험이란다. 휴면은 고요 속에서 숲을 지켜 온 생리적 지혜지.

　휴면이 없다면, 씨앗들은 한꺼번에 깨어나 서로를 짓밟고 사라질 것이다.

　휴면이 없다면, 한 번의 재난에 세대 전체가 끊겨 버릴 것이다.

　휴면이 없다면, 씨앗과 토양, 미생물의 호흡은 어긋나 어린 싹은 뿌리내리지 못할 것이다.

　휴면이 없다면, 숲은 불이나 홍수 뒤에 다시 일어서지 못할 것이다.

　그러니 기억하렴. 너의 '아직'과 '지금'은 숲이 세운 고유한 시계란다. 그 덕에 숲은 한 번에 무너지지 않고, 늘 다시 일어설 수 있는 거야. 기다림은 숲의 가장 오래된 보험이야.

산할아버지가

과학 메모

휴면, 아주 쉽게

물리적 휴면
두꺼운 집의 문. 종피가 물과 공기를 막아 입구 봉인
→ 껍질이 닳거나 불·동물 소화관을 거치며 열림

생리적 휴면
안의 스위치. 호르몬(ABA↑, GA↓) 균형이 발아 억제
→ 냉기·온기·빛·어둠 신호로 해제

형태적 휴면
덜 지어진 몸. 배 미성숙
→ 흙 속에서 조금 더 성장한 뒤 발아

복합적 휴면
이중 잠금. 껍질도 단단, 스위치도 잠김
→ 두 조건을 순서대로 만족해야 깸

씨앗은행(seed bank)
토양에 저장된 씨앗 풀. 숲의 '저축 통장'

베트헤징(bet-hedging)
발아 시점을 흩어 위험 요소 분산
'모두 오늘' 대신 '조금은 오늘, 조금은 내년'

휴면의 기본 생리학적 원리와 씨앗 내부의 호르몬 작용은 38쪽을 참고한다.

재도전

숲이 실패를 쓰는 법

숲에서 실패는 드문 일이 아니다. 오히려 매일, 매 계절, 매해 반복되는 가장 보편적인 사건이다. 한 해에 수억 개의 씨앗이 떨어지지만, 그중 발아하는 것은 극소수다. 많은 씨앗은 썩고, 말라 죽고, 누군가의 먹이가 된다. 그러나 숲은 이 과정을 낭비라 부르지 않는다. **실패는 언제나 다음 페이지를 쓰는 재료가 된다.**

한 번 더, 다른 방식으로

단풍나무의 날개 달린 씨앗은 해마다 수천 개씩 떨어진다. 대부분은 어미 그늘에서 빛 경쟁에 밀려 사라지지만, 나무는 멈추지 않는다. 다음 해에도, 또 그다음 해에도 같은 동작을 반복한다. 바람의 결이 달라지는 해가 있고, 토양 수분이 바뀌는 계절이 온다. 그때 살아남는 단 한 알이 있다.

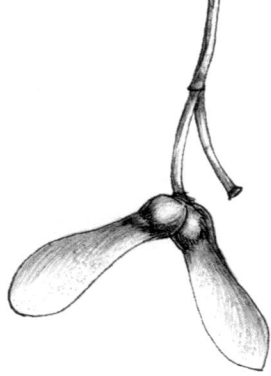

단풍나무 씨앗과 열매
수천 번의 추락 속에서도
단 한 번의 착지가 숲을 만든다.

다른 생명을 빌린 재도전

가을, 다람쥐는 도토리를 땅속에 묻는다. 그러나 전부를 회수하지는 못한다. 잊힌 저장고에서 이듬해 작은 떡잎이 솟는다. 다람쥐에게는 '실수'였지만, 상수리에게는 이동이자 재도전이다. 포식과 확산이 맞물려 숲의 지도가 다시 그려진다.

부러진 가지의 부활

폭풍에 꺾인 버드나무 가지가 강물에 떠내려가 모래톱에 걸린다. 그곳에서 뿌리가 나고, 새 나무가 선다. 계획에서 벗어난 경로는 또 다른 길이 태어나는 순간이다.

때를 바꾸는 전략

어떤 씨앗은 첫해에 깨어나지 않는다. 모래와 낙엽 속에서 몇 해를 묵히다, 조건이 맞는 해에 발아한다. 참나무와 소나무의 일부 씨앗은 2~3년 뒤에야 뿌리를 내린다. 기다림 속에서 때를 미루며 성공 확률을 분산하는 재도전이다.

숲의 실패 알고리즘

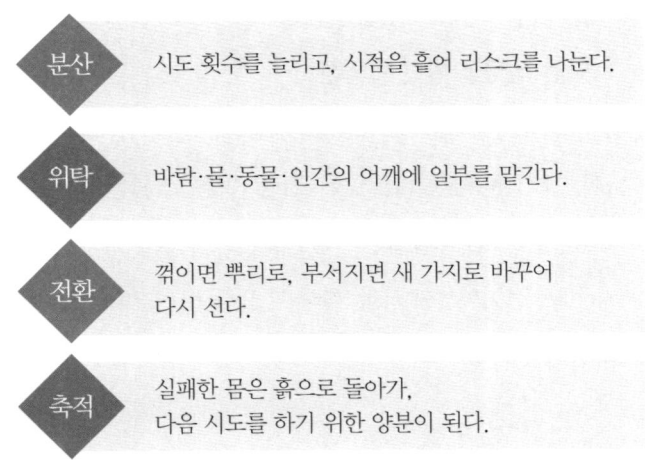

분산 — 시도 횟수를 늘리고, 시점을 흩어 리스크를 나눈다.

위탁 — 바람·물·동물·인간의 어깨에 일부를 맡긴다.

전환 — 꺾이면 뿌리로, 부서지면 새 가지로 바꾸어 다시 선다.

축적 — 실패한 몸은 흙으로 돌아가, 다음 시도를 하기 위한 양분이 된다.

숲의 재도전은 조급하지 않다. 성공률을 억지로 끌어올리기보다 시도 자체를 풍부하게 만든다. 한 번의 실패는 변형된 형태의 다음 시도로 이어진다. 그리고 그 모든 과정에서 실패한 씨앗의 껍질과 몸은, 흙이 된다. 그러고는 다음 성공의 토양이 된다.

숲은 말없이 속삭인다.
'실패는 멈춤이 아니라, 리듬의 조정이다.'

🌿 상수의 편지

산할아버지, 오늘 숲이 실패를 쓰는 법을 배웠어요. 바람이 빗나가면 내년에 다시 불고, 길을 잃은 도토리도 다람쥐의 기억에서 사라져야 비로소 제 길을 찾더군요. 부러진 버드나무는 방향을 바꿔 다시 일어서 있었어요. 그래서 저도 이렇게 적었어요. '한 번 더. 다른 방식으로.'

오늘 실패했다면 내일은 자리를 바꾸고, 이번에 그늘에 졌다면 다음에는 시간을 바꿔 보려 합니다. 설령 제 몸이 흙으로 돌아가더라도, 그 흙이 다음 씨앗의 첫 발걸음이 된다면 그것 또한 제 재도전이겠지요. 저는 오늘의 조정으로 내일의 리듬을 맞추려 합니다.

추신. 아직 말은 없지만, 제 안에서는 대답이 자라요. 흙의 감촉, 물의 냄새, 결의 기척을 먼저 듣습니다. 뿌리 끝은 귀처럼 열리고, 껍질 속은 심장처럼 뛰어요. 말보다 먼저 깨어나는 건 감각이고, 결심은 그 감각이 무르익을 때 자연스레 찾아와요. 어떤 날은 '아직'이 고개를 들고, 어떤 날은 '지금'이 힘을 얻어요. 저는 그 사이에서 제 시간을 고릅니다. 서두르지 않으면서도 멈추지 않는 쪽을 택해요. 누가 묻지 않아도, 저는 아주 작은 "네"를 보내요. 한 뼘 더 깊은 뿌리, 한 장 더 펼쳐진 잎, 조용한 방향 전환으로 대답합니다. 침묵은 비어 있지 않다는 걸, 제 몸이 먼저 압니다.

할아버지, 다음에는 제가 어떻게 말없이 대화하는지 보여 드릴게요. 제 뿌리가 쓰는 문장과 잎이 남길 쉼표들로, 작은 몸이 건네는 오래된 언어로요.   상수 올림

▲ 산할아버지의 답장

상수야, 네가 본 숲의 '실패'는 다른 모습으로 이어지는 '시도'란다. 숲은 그렇게 늘 새 기회를 만든다.

단풍나무 씨앗이 수없이 떨어지는 것은 성공 확률을 분산하는 전략이다. 많이 흩뿌려야 그중 하나가 적절한 자리에 닿을 수 있지. 다람쥐가 묻은 도토리는 표식이면서 동시에 확산의 동맹이다. 동물이 먹이로 삼는 과정이 곧 새로운 숲을 여는 통로가 된다. 버드나무 가지의 부활은 식물이 가진 또 하나의 길, '영양번식 vegetative propagation'이다. 씨앗이 아니어도, 꺾인 가지가 뿌리와 잎을 되살려 생명을 잇는다. 몇 해를 미루는 씨앗들은

휴면과 베트헤징의 지혜다. 모든 씨앗이 같은 해에 실패하지 않도록, 일부러 시간을 흩뿌려 세대를 이어 간다.

숲의 재도전은 다양한 시도를 통해 숲을 더욱 풍성하게 만드는 일이지. 그래서 실패한 씨앗의 몸도 사라지지 않고 흙이 되어, 다음 세대의 양분이 된다.

상수야, 기억하렴. 숲은 실패를 두려워하지 않는다. 실패는 다음을 위한 리듬의 조정이란다.   산할아버지가

마치는 글

    씨앗이 품은 길은 단순한 번식을 넘어, 더 넓고 깊은 생명의 여정으로 이어진다. 어떤 씨앗들은 화재를 피하기보다 그것을 새로운 시작의 신호로 받아들인다. 숲이 식은 자리에서 다시 빛을 얻고, 재 속의 무기질을 양분으로 삼아 교란된 공간을 기회로 바꾸며 숲의 2차 천이secondary succession를 이끈다. 불은 생존과 확산을 위한 또 하나의 전략 자원이 된다.

    씨앗은 바람의 법칙을 따른다. 날개와 관모, 가벼운 몸과 같은 구조적 적응을 통해 멀리 흩날리며, 바람은 씨앗의 이동 경로가 된다. 또한 씨앗은 다양한 생물과의 상호작용 속에서 관계의 길을 선택한다. 도깨비바늘과 도꼬마리는 동물의 털에 매달려 이동하고, 앵두나무나 산복사나무 열매는 먹히는 방식을 통해 종자를 확산시킨다. 동물은 씨앗을 먼 곳으로 옮기면서 동시에 배설을 통해 토양을 비옥하게 한다. 이는 씨앗과 동물이 맺어 온 상호이익적 공진화의 한 모습이다.

새로운 환경에 도달했을 때, 씨앗은 토양의 수분과 빛의 세기, 곁에 있는 생명의 존재를 읽으며 최적의 순간을 기다린다. 이러한 휴면과 발아 조절은 미래를 준비하는 전략적 선택이다. 씨앗이 발아해 자라면 숲은 달라진다. 자작나무는 빛을 나누고, 아까시나무는 토양 질소를 고정하며, 버드나무는 강의 흐름을 붙잡는다. 씨앗은 개체의 출발점이면서 동시에 숲을 설계하는 작은 건축가다.

오늘날 씨앗 곁에는 인간도 함께한다. 벼·밀·옥수수·감자와 같은 작물들은 인류와 긴밀한 관계를 맺으며 전 지구 차원으로 확산했다. 어쩌면 씨앗은 스스로의 생존을 위해 인간을 설득하여 자신을 기르게 만든 것인지도 모른다. 인간과 씨앗은 오래된 동맹 관계이자 서로를 비추는 거울이다. 작지만 완전한 씨앗은 이미 그 안에 다음 숲을 열 설계도를 품고 있다. 씨앗의 전략은 생명의 오래된 문법이다. 우리가 과학이라 부르는 지혜는 사실 씨앗이 오랜 시간에 걸쳐 먼저 써 내려간 삶의 기술이다.

🌱 상수의 편지

산할아버지께. 할아버지 말씀을 들으며 제 안의 힘을 다시 알았어요. 불이 지나간 자리는 무섭지 않았어요. 숲이 비워지고 빛이 열린 그 틈이 저에겐 시작의 신호였거든요. 저는 바람을 탔어요. 몸은 작아도 하늘을 이해하는 마음이 있어요. 단풍처럼 돌며 내려앉자, 공기의 길이 저를 더 멀리 데려갔지요. 동물과도 길을 나눴어요. 제 갈고리가 털에 걸리면 먼 여행이 시작되고, 때로는 그들의 걸음이 저를 새로운 집으로 옮겨 주었어요. 그들은 길과 흙, 비옥함을 함께 선물했어요.

도착해도 곧장 뿌리를 내리지 않아요. 흙의 냄새와 습기, 곁의 생명을 읽으며 오늘이 아니면 내일을 기꺼이 기다립니다. 기다림은 저의 또 다른 힘이에요. 자라난 뒤에는 숲을 바꿔요. 가지를 펼치고 잎을 키워 빛을 나누고, 뿌리를 깊게 내려 흙을 다 잡아요. 저는 숲과 호흡하며 다시 짓는 작은 설계자였어요.

이제 인간과도 함께 갑니다. 사람들은 저를 심고, 키우고, 먹어 주었지요. 우리는 서로를 선택했어요. 저는 에너지를 건네고, 사람들은 제 길을 이어 주었지요.

저는 작지만 완전해요. 다음 숲의 이야기와 다음 세대를 위한 약속이 제 안에 있어요. 아직은 흙 속에 고요히 누워 있지만, 언젠가 큰 나무로 자라 숲 한가운데에서 함께 인사드릴게요.　　상수 올림

▲ 산할아버지의 답장

상수야, 네 편지를 돌려 읽었다. 너의 문장마다 숲의 오래된 법이 선명히 빛난다. 이제 그 길들을 숲의 문법으로 한 번 더 짚어 주마.

🔥 불—새로 여는 신호
연기 속 작은 분자와 열의 자극이 잠든 문을 흔들어 깨어나게 한다. 재 속 무기질과 열린 하늘이 첫 호흡을 돕고, 그 자리에서 어린 숲이 빠르게 서기 시작한다.

🌀 바람—공간을 여는 기술
관모와 날개, 가벼운 몸은 공기의 저항을 길로 바꾼다. 느린 낙하와 회전은 착지의 부드러움을 만들고, 그 부드러움이 자리 잡기의 절반을 이룬다.

🐻 동물—동맹의 교통망
갈고리는 털과 옷 섬유에 이야기처럼 매달리고, 달콤한 과육은 새와 네발 동물들을 불러 긴 여행을 연다. 그들의 걸음은 거리와 방향을 선물하고, 배설물은 비옥한 흙으로 마당을 깔아 준다.

⏰ 기다림 — 시간을 설계하는 힘

씨앗 안의 시계는 물과 온도, 빛의 기척을 모아 때를 정한다. 어떤 날은 오늘을, 어떤 해는 내년을 택한다. 너의 '아직'이 다음 세대를 지키는 지혜다.

🌱 자리 읽기 — 미세한 지도

토양의 숨, 수분의 결, 이웃의 기척이 겹치는 곳이 좋은 집이 된다. 도착 뒤 한 박자 쉬어 방향을 정하는 너의 습관이 숲의 실패를 줄인다.

🌳 자라난 뒤 — 설계자 역할

가지는 빛을 나누고, 뿌리는 흙을 다잡고, 향기와 그늘은 이웃의 방을 만든다. 이렇게 너는 생태계의 빈칸을 채우는 건축가가 된다.

✋ 인간과의 약속 — 함께 확장하는 길

사람과 맺은 동맹은 너를 넓은 들과 도시의 화단까지 데려간다. 에너지를 건네는 너와 길을 이어 주는 인간이 서로의 거울이 되는 순간, 문명도 한 겹 자라난다.

이제 너에게 세 가지 전승을 건넨다.

- 길을 열어라—바람·물·동물과 손잡아 공간을 넓혀라.
- 때를 들어라—내 시계로 시작하되, 이웃의 시간을 존중하라.
- 동맹을 지어라—뿌리·균·동물·인간과 함께 자라라.

나는 위에서 햇빛을 고르고, 너는 아래에서 물길을 잡아라.
우리의 호흡이 맞으면, 다음 숲의 설계도는 이미 완성이다.

산할아버지가

3부_ 침묵이 말이 되는 순간

보이지 않는 대화의 힘

여는 글

숲에서 나는 자주 '나를 향한 응시'를 느낀다. 새의 경계하는 울음, 잠깐 멎는 바람의 고요, 발소리를 따라오는 미세한 기척. 그것들은 소리를 넘어선 분명한 메시지였다.

씨앗도 마찬가지다. 그들은 발아의 순간, 몸의 방향을 바꾸는 미세한 움직임, 곁의 뿌리와 거리를 재는 방식으로 대화를 건넨다. 그 대화는 소리를 넘어 의미로 가득 찬 몸짓이다.

침묵은 오히려 가장 깊은 호흡이며, 이해를 위한 가장 오래된 문법이다. 숲은 언제나 말없이 서로를 읽고, 그 침묵 속에서 어긋남을 피하고, 겹침을 조율하며 살아간다.

이제 나는 그 침묵을 듣는 법을 배워 가고 있다. 말이 없어도 이미 건네지고 있는 이야기들 속에서, 우리는 언어 이전의 언어, 말보다 오래된 대화를 만나게 될 것이다.

흩어짐
생명의 첫 윤리

　침묵은 때로 말보다 더 많은 것을 전한다. 씨앗의 침묵이 오래 지켜 온 윤리, 그것은 흩어짐이다. 우리는 씨앗을 흔히 미래의 상징이라 부른다. 언젠가 자랄 가능성, 아직 열리지 않은 시간. 그러나 숲에서 씨앗은 내일을 위한 준비물에 머물지 않는다.
　씨앗은 지금 이 순간을 지탱하는 조용한 기둥이다. 숲 바닥은 수많은 씨앗으로 가득하다. 발아한 씨앗, 새와 곤충의 먹이가 된 씨앗, 흙 속에서 부드럽게 분해되어 사라진 씨앗들은 결코 헛되지 않다. 새는 그 힘으로 날고, 곰팡이는 흙을 살리며, 땅은 유기물의 기억을 차곡차곡 쌓아 올린다. 살아남은 씨앗도, 자리를 내어 준 씨앗도 모두 숲을 이어 가는 힘이 된다.
　처음에는 이것이 단순히 통계적 전략처럼 보였다. 백

개의 씨앗을 흩뿌려 그중 한 개만 살아남는 계산. 그러나 그 속에는 더 깊은 뜻이 있었다. 나무는 자신을 위한 씨앗을 만드는 데 그치지 않고, 숲 전체를 위해 씨앗을 풀어놓는다. 이는 이익을 따지는 번식보다는 관계를 넓히려는 보시布施다. 하나의 씨앗에 기대어 살아가는 생명은 우리가 보는 것보다 훨씬 많다. 숲은 말한다. "너 하나가 자라지 못해도, 너는 여전히 숲이다."

흩어짐은 용기의 선택이다. 어미 곁을 떠나 낯선 땅과 예측할 수 없는 계절을 맞이하는 일. 그러나 그 멀어짐 속에서 더 많은 생명이 태어나고, 더 넓은 관계가 이어진다. 흩어짐은 세상에 건네는 인사이자, 새로운 만남의 시작이다. 그래서 나는 이제 '실패한 씨앗'이라는 말을 쓰지 않는다. 그들은 '기여한 씨앗'이다. 발아하지 않고 살아지는 길에서도 누군가를 먹이고, 흙을 살리고, 새로운 뿌리가 내릴 자리를 마련한다.

삶을 오래 버틴 시간으로만 평가하지 않아도 좋다. 숲은 다른 방식으로 말한다. 살아 낸 것만큼이나, 남긴 것이 깊다. 씨앗은 그 사실을 잘 안다. 피어나지 않아도 떠받칠 수 있고, 한 개체로 끝나지 않고 우리로 이어질 수 있다는 것을. 씨앗의 흩어짐은 생명의 분산이며, 공동체를 위한 기초 설계다. 그래서 숲길을 걷다 조용히 떨어진 씨앗 하나를 볼 때마다 나는 속삭인다. "이곳을 살아 있게 하는 것은 눈에 잘 드러나지 않는 생명들이다."

🍃 상수의 편지

산할아버지, 저는 오늘 흩어지는 용기에 대해 배웠어요. 어미 곁에 남는 건 편안하지만, 멀어질수록 더 많은 이에게 닿을 수 있다는 걸 알게 되었어요. 제가 큰 나무로 자라지 않더라도 괜찮아요. 새의 몸이 되거나, 흙의 살이 되거나, 다른 씨앗의 첫발을 밀어 올리는 힘이 된다면, 그것 또한 제 숲이라고 생각해요.

그래서 저는 안심이 돼요. **살아가는 길과 남기는 길이 서로를 완성한다**는 걸 알았으니까요. 오늘은 바람에 밀려 한 뼘 더 멀리 굴러가 보려고 해요. 흩어지는 쪽으로, 더 많이 이어지는 쪽으로요. 저는 흩어지며 더 많은 숲이 되는 길을 택하겠습니다.

상수 올림

🔺 산할아버지의 답장

상수야, 네가 오늘 느낀 '흩어지는 용기'는 숲이 수백만 년 동안 선택해 온 가장 오래된 윤리란다. 씨앗은 단지 자기만을 위해 존재하지 않는다. 발아해 살아남는 씨앗은 극소수에 불과하고, 나머지는 흙으로 돌아가거나 다른 생명의 먹이가 되지. 겉으로 보면 실패 같지만, 생태학은 이것을 '기여 contribution'라 부른단다.

숲 바닥에 떨어진 씨앗은 네 말처럼 각자 다른 길을 가지. 일부는 발아해 새로운 개체가 되고, 일부는 새·들쥐·곤충의 먹이가 되어 에너지 흐름을 잇는단다. 또 어떤 씨앗은 부패하며 토양 미생물의 먹이가 되고, 그 과정에서 유기물이 축적되어 숲을 비옥하게 만들지. 식물학자들은 이것을 씨앗의 '다기능성 multifunctionality'이라 설명한단다.

숲 전체를 보자면, 씨앗의 흩어짐은 단순한 번식 전략이 아니라 '생태계 서비스 ecosystem services'의 시작이란다. 새를 날게 하고, 곰팡이를 살리고, 흙을 만들고, 결국 다른 씨앗이 자라날 자리를 마련하지. 그래서 발아하지 않은 씨앗도 숲을 떠받치는 '기여자 contributor'가 되는 것이란다.

네가 말한 "살아가는 길과 남기는 길이 서로를 완성한다"는 깨달음은 곧 베트헤징의 원리와 닮아 있단다. 모든 씨앗이 동시에 성공하려 하지 않고 흩어지고, 나누고, 어긋남을 통해 숲 전체의 안정성을 높이는 지혜 말이다.

그러니 상수야, 네가 멀리 굴러가 흩어지는 건 숲의 리듬을 이어 가는 길이란다. 씨앗은 자기 생존만이 아니라, 숲과 공동체 전체를 위해 흩어지는 법을 알기 때문이지.

상수야, 기억하렴. **씨앗 하나의 생명은 짧을지라도, 그 흩어짐은 숲을 길게 이어 주는 다리가 된단다.** 산할아버지가

보시

내어줌의 생태학

씨앗은 끝내 자신을 내어 준다. 바람이 불면 흩어지고, 비가 내리면 흘러간다. 누구의 손길이 없어도 스스로 떨어지고, 기억조차 나지 않더라도 제자리를 떠난다. 그 사라짐은 오래된 의도다.

나는 그것을 보시라 부른다. 보시는 언제나 내 안에 있는 것을 스스로 내어 주는 행위다. 나무는 씨앗을 그렇게 준비한다. 하나라도 살아남기를 바라면서도, 일부만 이어 가도 충분함을 알고, 그래서 더 많이, 더 자주, 더 멀리 흩뿌린다.

숲은 다양한 나무들이 어우러져 이루어진다. 아까시·소나무·참나무·느릅나무…. 각자 다른 시간표로 꽃을 피우고 씨앗을 맺은 뒤, 품은 생명을 조금도 아끼지 않고 숲에 풀어놓는다. 한 그루가 한 해에 내는 씨앗은 수천에서 수십만 개. 그 가운데 극히 일부만 뿌리를 내린다. 나머지는

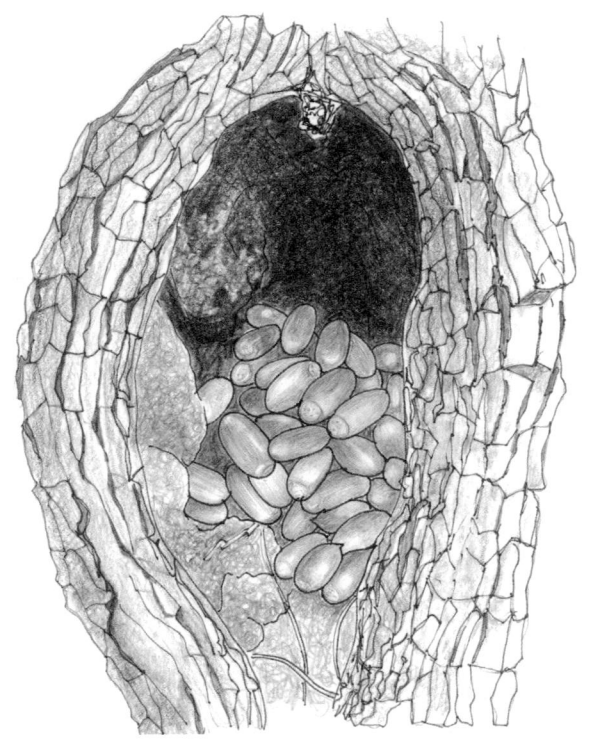

보시의 숲
많은 도토리는 끝내 깨어나지 못하고, 숲의 밥이 되어 보시가 된다.

흩어져 먹이가 되거나, 흙에 스며들어 또 다른 생명의 거름이 된다. 그들은 사라짐으로 기여하는 존재들이다.

씨앗의 번식은 단순한 생존과는 차원이 다르다. 숲 전체를 위해 나무는 사라짐으로 기여하는 씨앗을 풀어놓는다. 앞서 말했듯, 씨앗의 번식은 언제나 관계를 넓히는 보시다. 눈에 보이는 것보다 훨씬 많은 존재가 씨앗에 기대어 산다.

흩어짐으로 더 넓고 낯선 땅에 다다른 씨앗은 더 많은 생명을 태어나게 하고, 더 넓은 관계를 이어 간다. 먹이고, 덮고, 살리고…. 이처럼 기여한 씨앗은 사라짐으로 또 다른 뿌리가 성장할 공간을 만든다. 우리가 생명을 평가하는 기준과는 다른 방식으로 씨앗은 숲에 기여한다.

씨앗은 늘 속삭인다. "내가 이곳에 무엇을 남길 수 있을까?" 그 질문 하나로 숲은 완성되어 간다. 씨앗은 언제나 충분하다. 살아서 이어 가든, 사라져 살리든. 숲은 씨앗의 보시로 이루어진 생명의 공동체다. 우리에게 잘 보이지 않는 나눔들이 세상을 조용히 움직인다. 그리고 그 나눔은 때로 아주 낯선 길을 따라 흐른다. 뿌리를 내리지 못한 씨앗조차, 상상하지 못한 방식으로 숲을 살린다.

보시는 보이지 않는 방식으로 생명을 살리는 숲의 고유한 방식이다.

🌱 상수의 편지

산할아버지, 오늘 저는 사라져서 살림이 된 씨앗들을 많이 보았어요. 새의 저녁거리가 된 씨앗, 개미의 길이 된 씨앗, 망각 덕분에 나무가 된 씨앗, 흙의 뜨개실이 된 씨앗…. 그들을 바라보며 이렇게 생각했어요.

'그들을 위한 삶은, 건강한 나무로 자라는 것이다.'

제가 건강하게 자라면, 여름마다 넓은 그늘을 펼쳐 갈증난 길손과 사슴에게 숨 고를 자리를 내어 줄 수 있고, 가을마다 낙엽을 떨어뜨려 흙의 살을 두껍게 할 수 있고, 해마다 도토리를 나누어 다람쥐의 겨울과 새들의 봄을 보탤 수 있어요.

크게만 자라려는 마음을 내려놓고, 견디는 뿌리와 호흡하는 잎, 차오르는 가지를 차근차근 다지겠습니다. 그럴수록 제 몸엔 작은 이름표들이 늘어날 거예요—오늘 본 씨앗들의 이름, 개미 길의 굽이, 다람쥐의 잊힌 좌표, 곰팡이의 하얀 실과 물웅덩이의 얕은 파문까지. 제가 튼튼해지는 일은 곧 그들을 오래 기억하는 방법이에요. 그래서 흔들릴 때마다 더 단단히 서고, 느린 걸음일수록 오래 이어 가겠습니다. 제 그늘이 그들의 작업실이 되고, 제 낙엽이 그들의 식탁이 되도록요.

언젠가 제가 어른이 되었을 때, 첫서리 내린 아침에 하늘을 올려다보고 이렇게 말하고 싶어요.

"여기까지 데려다 준, 보시로 사라진 모든 씨앗아—내가 오늘 펼친 그늘이, 너희의 또 다른 몸이야."

그들을 향한 저의 결심을, 오늘의 작은 뿌리로부터 시작하겠습니다.

상수 올림

▲ 산할아버지의 답장

상수야, 네가 본 '사라져 살림이 되는 씨앗들'은 숲을 떠받치는 보이지 않는 주춧돌이란다. 씨앗은 발아하는 개체만큼이나 먹이가 되고, 흙이 되고, 기억이 되어 숲을 지탱한다. 생태학에서는 이것을 생태계 서비스라 부르지. 먹이가 된 씨앗은 에너지 흐름을 잇고, 분해된 씨앗은 토양 비옥도를 높이며, 남겨진 빈자리는 새로운 뿌리를 위한 공간이 되지.

숲이 유지되는 것은 눈에 보이는 큰 나무 때문만은 아니란다. 보시로 사라진 씨앗들이 있었기에 오늘 네가 서 있는 흙이 있고, 네가 숨 쉬는 공기가 있는 것이다. 그래서 숲은 '살아남은 자의 역사'가 아니라, '내어 준 자의 기억'으로 완성돼. 네가 말한 것처럼, 네가 튼튼히 자라는 일은 곧 그들을 오래 기억하는 방법이란다. 건강한 뿌리와 가지, 넉넉한 그늘과 낙엽은 모두 보시의 계승이자 또 다른 나눔이 되지.

기억하렴. 상수야, **씨앗의 생리에서 가장 위대한 지혜는 '내**

어줌'이다. 살아서 이어 가든, 사라져 살리든, 씨앗은 언제나 충분하단다. 네가 그 길을 따를 때, 너 역시 숲을 살리는 보시의 한 몸이 될 것이야.   산할아버지가

순환
죽은 씨앗들의 회로

한 알의 씨앗이 열어 주는 가능성은 언제나 다양한 길로 흘러간다. 늦여름, 상수리나무 가지 끝에서 도토리거위벌레 암컷이 아직 부드러운 도토리를 찾아 더듬이로 표면을 훑는다. 산란관이 '찍' 미세하게 벌어진 틈으로 알이 스며들고, 그 순간 도토리는 또 다른 생명의 회로에 들어선다.

산란을 마친 암컷은 도토리가 달린 자루를 정확히 절단한다. 잎이 푸를 때 잘라야, 떨어진 뒤에도 도토리가 오랫동안 수분을 품는다. 잎 달린 채 숲 바닥에 내려앉은 도토리는 부드러운 속살로 새로운 생명을 키우는 보육실이 된다. 며칠 후, 껍질 속에서 알이 부화한다. 반투명한 애벌레는 배유의 전분을 효소로 풀어 먹으며 자란다. 남은 영양분은 균사가 틈을 비집고 들어와 함께 쓴다.

겨울이 오면 박새가 낙엽을 헤치고 도토리를 찾아내

도토리거위벌레
가늘고 긴 주둥이(산란관)를 가지고 있어 아직 껍질이
부드러운 도토리에 구멍을 뚫고 알을 낳는다.
작은 몸이지만, 도토리의 생애를
다른 길로 바꾸는 중요한 곤충이다.

껍질을 깨뜨린다. 내부의 유충은 귀한 단백질이 되어 한겨울 성조의 체온을 지키는 연료가 된다. 그 새의 삶도 다시 이어진다. 어느 날 숲 가장자리에서 도마뱀이 재빠르게 덮치고, 새의 몸은 파충류의 위 속으로 흘러 들어간다. 위산은 단백질을 풀고 지방을 유화하며, 도토리에서 출발한 탄소와 질소는 비늘 달린 몸에서 새로운 구조로 재조립된다.

나무가 광합성 산물을 포도당 하나로만 두지 않듯, 숲의 전환도 한 방향으로만 흐르지 않는다. 어떤 탄소는 '5탄당 회로pentose phosphate pathway, PPP'[19]로, 어떤 것은 아미노산과 지질 합성으로 이어진다. 낭비는 없고, 모든 것은 전환된다.

---

[19] 포도당을 단순히 분해하는 대신, 세포가 미래를 준비하도록 돕는 길이다. 이 경로에서 만들어진 NADPH는 환원력의 저축 통장처럼 여러 합성 반응을 가능하게 하고, 리보오스-5-인산은 DNA·RNA라는 생명의 문서를 작성하는 데 쓰인다. 마치 생명의 회계 장부처럼, 세포가 지금 필요한 에너지와 내일을 위한 재료를 동시에 관리하는 회로라 할 수 있다.

씨앗에서 애벌레로, 새로, 파충류로 이어지는 흐름은 광합성의 탄소 회로처럼 숲속을 쉼 없이 돌며 에너지는 흘러가고, 물질은 순환한다. 숲은 죽음 위에서 다시 살아나고, 살아남은 몸 위에 또 다른 삶이 자라난다.

이 흐름은 개별 생명에 머물지 않고 숲 전체로 확장된다. 한 알의 도토리가 먹히고, 분해되고, 배설되어 흙으로 스며드는 데 걸리는 시간은 몇 달에서 몇 해. 그 영양을 거친 생명은 수십 종, 그 영향은 수백 년 동안 숲의 질서 속에 남는다. 박새가 옮긴 일부 씨앗은 땅속에서 발아해 새로운 나무가 되고, 미발아 씨앗은 곰팡이와 미생물 군집의 탄소 저장고가 된다. 다람쥐의 저장은 토양 구조를 바꾸고, 개미의 창고는 지하 네트워크를 넓힌다. 한 알의 죽음은 숲을 확장하는 수많은 시작의 문이 된다.

숲은 말을 하지 않지만 매해 장부를 쓴다. 뒤에 나오는 숲의 재무제표가 그 예다. 종이도 펜도 숫자도 없이, 흙과 뿌리, 바람과 비, 균사와 발자국에 기록한다. **혼자만의 생존은 숲을 가난하게 만들고, 흩어져 서로 얽힐 때 생명은 살아난다.** 뿌리는 흙 속에서 다른 뿌리와 부딪히며 길을 나누고, 잎은 서로의 그늘 속에서 빛을 고르게 나눈다. 떨어진 낙엽조차 홀로 남지 않고, 흙과 곰팡이와 곤충과 함께 순환을 이룬다. 숲의 법은 나눔과 얽힘 속에서 이어지는 삶의 리듬이다.

숲의 재무제표
(Forest Balance Sheet & Income Statement)

1. 재무상태표(Balance Sheet)

자산 (Assets)	유동자산 (Current Assets)	• 광합성으로 고정된 탄소 • 강수·풍화로 유입된 수분과 무기질 • 개미·새·동물의 기여(종자 운반·배설)
	비유동자산 (Non-Current Assets)	• 토양유기물(SOM): 낙엽·씨앗·죽은 몸 부패 후 • 고사목·고목: 수분·영양의 저장고, 서식처와 연결다리 • 씨앗은행: 지연지급형 미래 자본
부채 및 자본 (Liabilities & Equity)	부채 (Liabilities)	• 초식·포식으로 인한 에너지 소실 • 호흡·열 방출 손실 • 휘발성 물질 방출(꽃향·피톤치드 비용)
	자본 (Equity)	• 종 다양성: 위험을 분산하는 자본금 • 관계 네트워크: 공생·상호작용이 낳는 장기 복리

2. 손익계산서(Income Statement)

수익 (Revenue)	• 광합성 매출(잎의 탄소 고정) • 비·풍화에 의한 외부 유입 • 동물·곤충의 협력(저장·운반·배설)
비용 (Expenses)	• 초식·포식에 따른 에너지 지출 • 호흡·열 방출 관리비용 • 휘발성 물질 생산 및 확산 비용

당기순이익 (Net Income)	• 토양유기물·씨앗은행으로 환류된 잉여분 • 다람쥐·개미에 의한 분산·재배치 효과

3. 현금흐름표(Cash Flow Statement)

영업활동 현금흐름: 낙엽 → 균·절지동물 분해 → 무기화 → 재흡수
투자활동 현금흐름: 씨앗은행 발아, 죽은 나무의 장기적 자산화
재무활동 현금흐름: 균근 네트워크의 거래, 종 다양성 확대

4. 주석(Notes to the Financial Statements)

회계원칙	• 흩어짐(씨앗·꽃가루·잎) = 법인세 성격의 납부금 • 다양성 = 보험료 성격의 안정 장치 • 휴면 = 지연지급 전략 (발아 분산 투자) • 공생 = 복리 효과, 장기 자본 축적
감사 (Audit)	• 감사 시기: 겨울철 • 감사 지표: 낙엽층 두께, 고목의 양, 토양 수분 • 감사 결과: 숲의 재무제표는 흙과 균류 네트워크에 의해 검증됨

🌱 상수의 편지

산할아버지, 오늘 저는 숲의 다른 몸들을 오래 바라보았어요. 도토리거위벌레가 제 형제를 요람으로 삼고, 박새가 겨울을 버티는 연료로 삼고, 균사가 남은 조각들을 모아 흙으로 돌려보내는

느리게 보기

'왜 해치지?'보다
'무엇을 이어주지?'를 먼저 묻기

이름 불러주기

벌레·새·균을 통칭하지 말고
이웃으로 부르기
(이름이 생기면 자리가 생기더군요)

자리 바꾸어 보기

한 번쯤 박새의 배, 균사의 실,
개미의 터널에서 숲을 상상해 보기
(그리고 제 작은 결심도요)

뿌리는 깊고 넓게, 그늘은 얇고 멀리

많은 몸이 머물 수 있게

도토리는 골고루, 해마다 꾸준히

누구의 겨울도 비지 않게

아픈 가지는 서둘러 버리지 않고
천천히 흙으로 돌려

흐름이 막히지 않게

모습을요. 예전엔 그들을 조심스러운 상대로만 여겼어요. 하지만 오늘은 알았어요. 그들은 적이 아니라, 제가 함께 나누는 또 하나의 숲이라는 것을. 제 안에서 흘러나온 탄소가 그들의 근육이 되고, 그들의 배설이 다시 제 뿌리를 밀어 올릴 흙이 될 수 있음을요. 그래서 제 마음의 문이 조금 더 열렸습니다. '살아남을 나'에서 '살려 낼 우리'로요.

저는 이제 이유를 알아요. 제가 건강해야 하는 까닭을요. 제가 건강하면 여름엔 그늘을, 가을엔 열매를, 겨울엔 흙의 이불을 더 두껍게 남길 수 있어요. 제 그늘은 벌레의 작업실이 되고, 제 도토리는 박새의 체온을 덮고, 제 낙엽은 균과 이끼의 밥상이 됩니다. 제가 병들면 이 회로는 가늘어지고, 누군가의 겨울이 비게 됩니다. 제 건강은 제 개인의 몫을 넘어, 숲의 안전망이라는 걸 알게 되었어요.

오늘 저는 이 문장을 제 마음에 심었어요. '내 건강으로 너의 겨울을 덮고, 너의 숨으로 나의 봄을 연다.' 이 문장이 자라서, 언젠가 큰 나무의 그림자가 되기를 바랍니다.   상수 올림

▲ 산할아버지의 답장

상수야, 네가 오늘 바라본 그 장면들—거위벌레가 도토리에 알을 낳고, 박새가 그 유충을 먹으며 겨울을 견디고, 그 박새

마저 다른 생명의 연료가 되는 모습—은 숲의 가장 깊은 진실을 드러내는 회로란다. 생물학은 이것을 '물질순환 matter cycling'과 '에너지 흐름 energy flow'이라 부르지.

씨앗 안의 전분과 단백질은 벌레의 효소에 풀려 당과 아미노산이 되고, 다시 새의 근육과 깃털을 짓는 재료가 된단다. 그 에너지가 날갯짓으로 풀려나면, 곧 다른 포식자의 몸속에서 새로운 구조로 재조립되지. 네가 본 '내 탄소가 다른 몸의 숨이 된다'는 말은 시의 언어이면서 동시에 생태학의 법칙이란다. 생태학자들은 숲을 개별 종의 집합으로 보지 않아. 숲은 하나의 거대한 네트워크란다. 그물의 마디 하나가 끊어지면, 다른 마디들도 흔들리지. 네 몸이 건강해야 하는 이유가 바로 여기 있다. 네가 단단히 서 있어야만, 도토리를 먹는 새가 겨울을 버티고, 그 새의 울음소리가 다시 숲을 채운단다. 네가 내어 준 낙엽은 미생물의 밥상이 되고, 그 흙에서 또 다른 씨앗이 자라나지. 네 몸은 너 개인의 것이면서, 동시에 수많은 생명의 안전망 속 하나의 '노드 node'란다.

숲은 오래전부터 장부를 써 왔단다. 광합성으로 잎이 고정한 탄소가 입금이라면, 새의 날갯짓에 흘려보낸 열은 지출이지. 네가 흘린 도토리와 낙엽은 저축이고, 곰팡이와 곤충이 그것을 분해하는 것은 현금흐름이란다. 이 장부에는 숫자가 없지만, 흙의 두께와 균사의 길이, 노래하는 새의 수가 잔고를 말해 준다.

상수야, 철학자들은 오래전부터 이런 회로를 '상호의존inter-dependence'이라 불렀단다. 불교에서는 '공空'이라 하고, 서양 생태철학에서는 '전체는 부분들의 합을 넘어선다'라고 했지. 존재는 관계의 망이 짜는 그물 안에서만 빛난다는 진실 말이다. 그러니 네가 오늘 적은 문장, '살아남을 나에서, 살려 낼 우리로'는 숲의 철학을 가장 잘 요약한 말이란다. 네가 건강하게 자라는 일은 네 몸 하나의 완성이 아니라, 숲 전체의 안정을 이어 주는 행위지. 네 뿌리가 깊어질수록 흙은 두꺼워지고, 네 그늘이 넓어질수록 수많은 몸이 숨을 고르게 된다.

기억하렴. 상수야, 씨앗의 삶은 결코 혼자 서는 법이 없단다. 언제나 다른 생명을 통과하며, 다른 생명의 일부가 되어 흐르지. 죽은 씨앗조차 숲의 엔진을 돌리는 연료가 된다. 이것이 바로 숲이 실패를 두려워하지 않는 이유이자, 네가 흔들릴 때에도 안심할 수 있는 까닭이야. 너의 작은 뿌리 하나가 숲 전체의 회계 장부에 기록되어 있다는 것, 그것이 숲이 건네는 오래된 약속이란다.

산할아버지가

경제학
꽃가루처럼 쏟아지는 생명들

봄날, 자작나무 숲에 들어서면 공기 속에 잔설 같은 입자들이 흩날린다. 먼지나 꽃가루처럼 보이지만, 손바닥에 받아 올리면 그것은 완벽한 설계도를 품은 씨앗이다. 작고 가볍지만, 그 속에는 빛으로 만든 전분과 단백질, 지질, 무기영양소, 발아를 부르는 호르몬까지 가득하다. 이 작은 입자는 하나의 생명체이자 숲의 경제에서 결코 적지 않은 납세자다.

씨앗의 연간 생산량 – 숫자로 보는 생명의 홍수
자작나무 한 그루는 해마다 30만~50만 개의 날개 씨를 날린다. 한 숲으로 합치면 몇 킬로그램에 달하는 탄수화물과 무기영양소가 공중에서 기부된다. 소나무는 5만~10만 개의 씨앗을 맺는데, 지방 비율이 높아 장기 에너지원이 된다. 참나무는 매년 수천 개의 도토리를 맺어 탄수화물과 지질을 저장한다. 이동 거리는 짧지만 겨울 먹이 창고 역할을 한다. 서양민들레는 한 개체가 계절마다 수백 개를 여러 차례 흩뿌리며, 빠른 광합성 전환으로 빈 땅을 채운다.

숲 전체로 합치면, 매년 수억 개의 씨앗이 흩날린다. 이 가운데 성체로 자라는 것은 1퍼센트 남짓이고, 나머지 99퍼센트는 숲으로 스며든다.

99퍼센트의 흐름 — 낭비가 아닌 '분자 단위의 납세'

숲은 이 흐름을 공동체의 유지 비용으로 기록한다. 만약 숲이 장부를 쓴다면, 씨앗의 납세 품목은 이렇게 적힐 것이다.

무기영양소

- **인**(P): ATP·DNA·RNA 구성
- **칼륨**(K): 삼투와 효소 활성
- **칼슘**(Ca): 세포벽과 신호 전달
- **마그네슘**(Mg): 엽록소 중심

발아·성장 조절

- **호르몬**: 지베렐린(gibberellin, GA), 시토키닌(cytokinin) 등은 발아와 세포분열을 촉진한다.
- **방어물질**: 타닌, 테르펜은 포식 억제와 상호작용을 조절한다.

민들레

왼쪽은 서양민들레(Taraxacum officinale), 오른쪽은 토종민들레(Taraxacum platycarpum).
서양민들레는 꽃받침 조각이 뒤로 젖혀져 있고, 줄기(꽃자루)가 굵으며, 도시의 인도와 아스팔트 틈까지 점령한다.
토종민들레는 꽃받침 조각이 꽃을 감싸듯 위로 모여 있고,
줄기가 상대적으로 가늘며, 들판과 산자락에서 조심스레 피어난다.
비슷해 보이지만, 삶의 태도와 서식지에서 서로 다른 '민들레의 얼굴'을 보여 준다.

'세금'의 향방 — 누가 어떻게 인출하는가

조류는 씨앗의 지방과 단백질로 체온과 번식 에너지를 채운다. 설치류는 일부를 먹고, 일부는 저장했다가 망각하여 발아 기회를 남긴다. 곤충의 유충은 배유의 당과 단백질로 성장한다. 곰팡이와 미생물은 씨앗을 분해해 무기영양소를 환원하고 토양유기물을 쌓는다. 개미는 씨앗을 저장하고 이동시켜 토양 공극을 넓히고 분산을 가속한다.

숲의 회계 철학

대부분의 씨앗은 발아하지 않지만, 그 과정이 토양을 살리고, 토양은 다음 세대의 가능성을 높인다. 숲의 법은 단순하다. '너 혼자 살면 숲은 메마른다. 흩어져야 살아난다.'

탄소·에너지 통화

- **탄수화물**(전분): 발아 연료. 포도당으로 풀려 ATP로 전환된다.
- **지질**(트리아실글리세롤): 장기 연료. β-산화와 글리옥실산 회로를 거쳐 광합성 이전의 생존을 돕는다.

구조·대사 원료

- **단백질**: 발아 효소와 배아의 구조 재료. 분해 시 아미노산을 공급한다.

🍃 상수의 편지

산할아버지, 오늘 저는 숲이 쓰는 회계 장부를 배웠어요. 눈에 보이지 않는 숫자 대신, 흩어진 씨앗과 낙엽, 곰팡이의 실과 새의 발자국이 그 장부를 채우고 있었지요. 처음에는 '많이 사라진다'고만 생각했는데, 이제는 알았어요. 사라짐은 이어짐으로 흘러드는 길이라는 것을요.

제 몸이 전분과 단백질, 기름과 무기질로 이루어진 작은 통장이라면, 저는 이 통장을 숲에 맡기려 해요. 새가 꺼내 쓰고, 개미가 옮기고, 흙이 기억하는 방식으로요. 그래서 저는 작지만 든든한 납세자가 되고 싶어요. 낙엽이 흙을 기름지게 하고, 도토리가 겨울을 덮어 주고, 그늘이 여름의 장부에 남아 있다면, 그것으로 충분하다고 생각해요.

오늘은 이 문장을 적어 둡니다.

'내가 낸 몫으로, 숲이 살아난다.'

상수 올림

🔺 산할아버지의 답장

상수야, 네가 오늘 본 장부는 눈에 보이지 않지만 숲이 매해 쓰고 있는 진짜 회계란다. 씨앗 하나는 작은 통장이지만, 그 속에는 숲 전체가 의존하는 자산이 들어 있단다. 전분과 지질은 새와 곤충의 연료가 되고, 단백질은 다른 몸의 구조로 재조립되며, 무기영양소는 다시 토양의 자본으로 축적되지.

숲의 과학은 이것을 물질순환과 에너지 흐름이라 하고, 흙 속에서 오랫동안 잠든 씨앗은 씨앗은행이라 부른다. 이 은행은 미래를 미루어 두는 장소이자, 숲이 위기를 나누어 지는 보험이지. 또 흩어진 낙엽과 씨앗, 죽은 몸이 쌓여 형성되는 토양유기물은 숲의 진짜 저축 계좌란다. 그 두께와 비옥도가 숲의 미래를 결정하지.

숲의 경제는 인간의 경제와 다르단다. 여기선 낭비가 없고, 모든 지출이 다른 곳의 수입이 된다. 네가 내는 몫은 숲을 더 크게 불리는 재분배지. 네가 건강히 자라 도토리를 맺고 낙엽을 흘리면, 그것은 모두 다음 세대의 회계 장부에 기록될 것이다.

기억하렴. 상수야, 숲에서 진정한 부는 오래 버틴 세월보다, 많은 생명을 살려 낸 나눔 속에 있단다. 네 납세는 너만의 몫이라기보다 숲의 자산이 되지. 그러니 **네 작은 몸 하나가 이미 숲을 지탱하는 거대한 기둥이라는 사실을 잊지 말거라.**

산할아버지가

납세

숲은 조세 공동체다

숲에서 세금은 한 철로 끝나지 않는다. 씨앗이 내는 세금은 시작일 뿐, 나무는 살아 있는 동안에도, 죽은 뒤에도 납세를 이어 간다. 이 납세는 살아 있음이 남기는 흔적, 숲의 장부에 새겨지는 자연스러운 회계다.

살아 있는 몸의 납세

{숲의 장부 메모}

질소 약 2g
칼륨 1.5g
칼슘 0.8g

"가을 회수분 기부 완료"

잎 — 매해 가을, 나무는 광합성 공장을 해체하듯 잎을 내려놓는다. 그 잎에는 질소N, 칼륨K, 칼슘Ca이 응축되어 있다. 낙엽은 부식토로 변해 토양 유기탄소를 쌓고, 이듬해 발아의 토대를 만든다.

줄기와 가지 — 굵은 줄기와 가지는 생장 중에도 죽은 세포를 켜켜이 쌓아 탄소를 장기 저장한다. 부러지거나 떨어지면 곰팡이·세균·절지동물의 '연금'이 되어 수년에서 수십 년에 걸쳐 탄소·칼슘·인을 천천히 풀어낸다.

뿌리 — 미세근fine root은 해마다 대규모로 교체된다. 죽은 미세근은 곧장 토양 유기탄소 풀로 들어가고, 살아 있는 뿌리조차 균류에 광합성 당을 임대료처럼 제공한다. 그 대가로 인과 질소를 받는다.

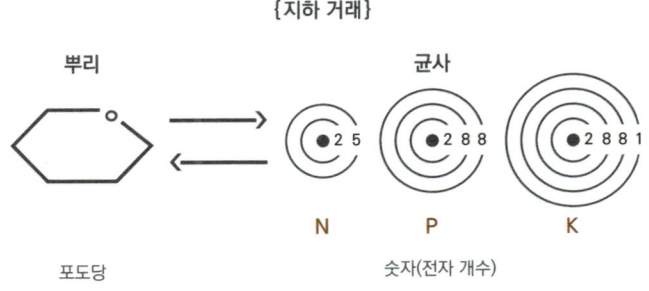

"당을 주고 미네랄을 받는다."

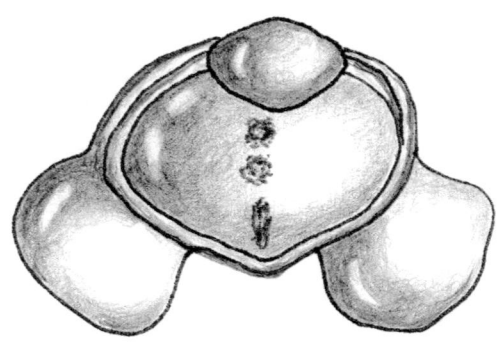

소나무 화분(꽃가루)
양쪽 공기주머니(sac) 두 개로 가벼움을 얻고,
중앙의 둥근 객실에는 관 세포와 생식 세포가 탑승해 있다.
암술머리에 닿는 경우는 적지만, 설계는 놀라울 만큼 정교하다.
실패율이 높아도 흩어짐 자체가 곧 납부이기 때문이다.

꽃가루 — 며칠, 때론 몇 시간만 공중을 날다 사라지지만, 그 속에는 지방·단백질·미네랄이 들어 있다. 곤충과 미소포유류, 토양 미생물이 이 봄의 단백질 비를 맞는다.

죽음 이후의 납세

죽은 나무(서서 죽은 나무·쓰러진 나무). 속 빈 고목은 딱따구리의 집이 되고, 쓰러진 줄기는 곤충·균류·이끼의 아파트가 된다. 분해는 수십 년에 걸쳐 진행되며, 탄소와 무기영양소를 조금씩 풀어 숲의 기초 생산력을 지탱한다. 낙엽층·부식토·잎·뿌리·작은 가지 들이 세대를 거쳐 겹겹이 쌓이고, 서서히 무기화된다. 이 층은 토양 수분 보유력과 온도 완충력을 높여, 이후 모든 씨앗과 뿌리의 인큐베이터가 된다. 죽음은 숲의 장부를 채우는 또 하나의 납부다.

숲의 조세 철학

숲의 납세는 기록을 남기지 않는다. 누가 얼마를 냈는지 따지지 않고, 회계는 흙과 균근 네트워크가 대신 본다. 원칙은 단순하다. '너의 일부를 내놓아라. 그래야 우리가 모두 산다.'

풍년에는 초과 납부로 불확실한 미래에 대비하고, 흉년에는 저장된 납세분이 공동체를 지탱한다. 숲은 이렇게 산다. 흩어져야 살고, 나눠야 남는다. 그리고 그 세금은 영수증

없이도 반드시 순환한다.

🌿 상수의 편지

    산할아버지, 숲의 장부를 배우고 나니 알겠어요. 많이 내고 오래 내기 위해선, 먼저 제 수입(빛·물·미네랄)이 넉넉해야 한다는 걸요. 그래서 저는 매일의 몸가짐을 이렇게 적어 보려 해요. 작지만 꾸준한 입금 습관들이에요.

    잎은 겹치지 않게 각도를 나누어 펼쳐요. 아침엔 잎을 조금 눕혀 빛을 넓게 받고, 한낮엔 살짝 세워 과열과 수분 손실을 줄여요. 그렇게 하면 탄소 수입은 늘고, 증산 손실은 줄어들어요. 기공은 시계처럼 맞춰요. 습도가 높은 이른 시간엔 활짝 열고, 뜨겁고 건조한 때엔 조금 닫아요. 그래서 물과 탄소의 균형을 지키며 광합성을 안정적으로 이어 가게 돼요.

    뿌리는 깊고 넓게 섞어 퍼져요. 미세근은 자주 갈아 끼우고, 굵은 뿌리는 깊이 눌러 가뭄의 버팀목을 만들어요. 그래서 흡수 면적이 넓어지고, 가뭄에도 강해져요. 지하 동맹도 강화해요. 당을 한 줌 흘려보내고, 그 대신 인과 미량 원소를 받아요. 광합성의 수입으로 미네랄을 불러오는 셈이지요.

    수관에는 바람길을 남겨 두어요. 잎이 젖을 때 금세 마를 수 있어서 병病이 줄고, 잎 공장은 더 오래 가동돼요. 낙엽은 넓고, 얇게 깔아요. 가을에 내어놓은 잎이 토양에 그늘을 드리우고, 물을 오래 붙잡아 줘요. 덕분에 토양은 유기물과 수분이 늘어나고, 내년 수입의 기반이 돼요.

비상자금도 챙겨요. 성장이 꺾이는 해에는 도토리 대신 몸속에 당을 조금 더 쌓아 둬요. 해거리 해에도 복구할 힘이 되고, 돌발 스트레스에 대비할 수 있어요. 열매는 해마다 다르게 내요. 좋은 해엔 넉넉히 내고, 쉬는 해엔 제 몸을 돌봐요. 매스팅 masting은 해충과 포식자를 함께 묶는 지혜이기도 해요.

봄에는 서리를 피해 살짝 늦게 잎을 틔워요. 제자리의 냉기를 읽고, 한 박자 늦춰 안전하게 공장을 열어요. 밤에는 수분을 재배치해요. 깊은 뿌리에서 올린 물을 위 흙으로 조금 올려 보내 미생물과 미세근이 깨어 있도록 도와 줘요. 그러면 다음 날 아침 흡수 효율이 높아져요.

이렇게 모은 수입으로 저는 입금과 출금, 그리고 저축을 이어가려고 해요. 봄엔 잎으로 벌고, 여름엔 그늘로 나누고, 가을엔 도토리로 내어 주고, 겨울엔 낙엽으로 남기는 나무. 제가 건강할수록 누군가의 겨울은 덜 춥고, 누군가의 봄은 조금 더 빨라질 거예요. 그래서 오늘도 다짐해요.

"내가 잘 벌어야 함께 오래 산다."   상수 올림

▲ 산할아버지의 답장

상수야, 네가 적어 놓은 장부를 보니 참 기특하구나. 네가 배운 그 습관 하나하나는 사실 이미 숲이 수백만 년 동안 써 온 생리학적 경영 전략이란다.

네가 잎의 각도를 조절한다는 건 곧 빛에 대한 '적응적 배열 photon capture angle'[20]이지. 잎이 아침엔 넓게, 한낮엔 세우는 움직임은 광합성 효율을 최적화하면서 증산 손실을 줄이는 행동이야. 이건 작은 잎맥과 기공이 매 순간 계산하는 과학이지.

기공을 시계처럼 여닫는 일은 '기공 개폐조절 stomatal conductance'이라고 부른다. '앱시스산 abscisic acid, ABA'[21]과 같은 호르몬 신호가 기공 세포의 삼투압을 조절해서, 네가 말한 대로 습기 많은 새벽엔 활짝 열고, 건조한 정오엔 닫는 거다. 그 덕에 광합성과 수분 손실이 균형을 이룬단다.

네가 지하에서 나눈 동맹은 '균근공생 mycorrhizal symbiosis'이다. 네가 준 당은 곰팡이의 생명줄이고, 곰팡이가 돌려 준 인·질

---

[20] 잎이 서로 그늘지지 않도록 각도를 조절해 햇빛 흡수를 최적화하는 배열. 이는 광포획 효율을 극대화하기 위한 진화적 전략이다. 잎의 기울기와 배치는 서로 그늘을 최소화하면서 햇빛을 최대한 분산·흡수할 수 있게 조정된다. 이는 엽차(葉次, phyllotaxis), 엽각(leaf angle distribution) 연구와도 연결되며, 개별 잎뿐 아니라 숲 전체의 광합성 생산성을 좌우한다.

[21] 식물 호르몬으로, 건조·염분·한랭 등 스트레스 대응. 기공 폐쇄와 종자 휴면 유도에 핵심적이다. 엽록체·색소체에서 카로티노이드 유래로 합성되어 체관·물관을 통해 이동하며, 지베렐린과 길항작용을 일으켜 발아·생장 균형을 조절한다.

소는 네 광합성을 더 크게 키우지. 이건 숲 지하의 보이지 않는 세금과 보조금의 교환이란다.

낙엽을 얇고 넓게 깔아 주는 것도 과학이다. 네가 흘러보낸 낙엽은 토양유기물을 늘려 물을 붙잡고, 미생물 군집을 불러온단다. 그렇게 네 낙엽 한 장이 내년에 다시 네 뿌리의 입금으로 돌아오지.

네가 말한 매스팅, 즉 해거리 전략은 해충과 포식자를 속이는 집단적 지혜란다. 어떤 해엔 도토리를 풍성히 내어 포식자의 입을 채우고, 다음 해엔 거의 내지 않아 그 수를 줄인다. 이 리듬이 네 종의 생존 확률을 크게 높인다.

상수야, 네가 다짐한 문장, '내가 잘 벌어야 함께 오래 산다'는 숲의 경제학을 가장 아름답게 요약한 말이구나. 숲의 철학은 늘 같단다. 너 혼자 살면 숲은 가난해지고, 너희가 흩어지고 나눌 때 숲은 부유해진단다. 그러니 네 건강한 몸은 너 하나의 자산이라기보다 숲 전체의 회계 장부에 기록되는 공용 자본이다. 네 잎, 네 뿌리, 네 열매, 네 낙엽―이 모든 것은 숲의 세금이자 선물이지.

기억하렴. 상수야, 숲의 진정한 부는 오래 버틴 크기에 있지 않고, 얼마나 나누었는가에 있단다. 네가 기꺼이 내어놓는 그 세금이 곧 숲의 영원한 이자인 셈이다.   산할아버지가

유통망
숲의 세금이 흘러가는 길

숲에서 세금은 사라지지 않고, 반드시 누군가의 몸을 거쳐 흘러간다. 그 길은 눈에 보이지 않지만, 땅속에서 땅 위로, 다시 공중으로 이어진다.

지하의 길 — 균근[22] 네트워크

뿌리에서 흘려보낸 당과 아미노산은 균류의 균사 속으로 스며든다. 미코라이자 균사는 토양 속을 수 미터나 뻗어 인·질소·칼륨을 멀리 있는 뿌리까지 나눠 준다. 종種이 달라도, 나이가 달라도 이 길 위에선 세금을 받고 또 세금을 낸다. 숲의 회계에서 이 길은 지하의 고속도로다.

---

22 미코라이자. 뿌리와 균류의 동맹. 나무는 당을, 균류는 인·질소를 건넨다.

지상의 길 — 먹이망food web[23]의 계단

땅 위에 떨어진 씨앗·잎·꽃가루는 작은 곤충에서 새로, 다시 포식자로 이어지는 계단을 탄다. 애벌레가 먹은 잎의 질소는 새의 근육이 되고, 그 새의 몸은 다시 포식자의 힘이 된다. 그 사이사이에서 분해자들이 끼어들어 영양소를 흙으로 되돌려준다. 이 유통은 고리처럼 이어지는 순환이다.

공중의 길 — 계절을 건너는 이동

꽃가루와 가벼운 씨앗은 바람을 타고 계절과 장소를 건너간다. 먼 곳에 뿌리내린 씨앗 하나는, 원래 숲에서 모은 세금을 다른 숲에 다시 투자한다. 숲의 회계는 한 지역에 머물지 않고 넓게 번져 간다.

세금 중개자 — 길 위의 운송업자들

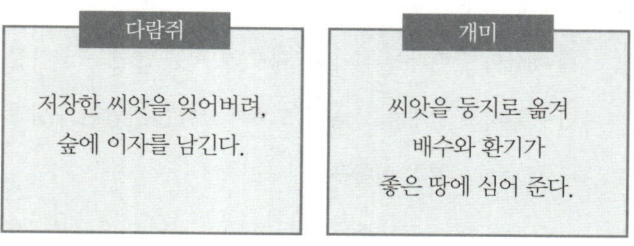

다람쥐	개미
저장한 씨앗을 잊어버려, 숲에 이자를 남긴다.	씨앗을 둥지로 옮겨 배수와 환기가 좋은 땅에 심어 준다.

---

[23] '누가 누구와 관계를 맺고 있는가'를 중심으로 그린, 에너지·물질의 지도

새	멧돼지와 곰
달콤한 열매를 먹고, 수 킬로미터 밖에 씨앗과 함께 지참금을 남긴다.	땅을 뒤집어 묻힌 영양분을 드러내, 다른 식물과 곤충이 쉽게 다가갈 수 있게 한다.

숲의 유통 철학

숲의 세금은 곤충에서 새, 포식자, 분해자, 토양, 씨앗으로 끝없이 되돌아온다. 그 과정에서 가치는 사라지지 않고, 모양을 바꾸며 오히려 불어난다. 흐르지 않는 세금은 썩지만, 흐르는 세금은 숲을 살린다.

🌿 **상수의 편지**

산할아버지, 오늘 저는 길을 배웠어요. 눈에 보이지 않아도, 제 세금이 흘러가는 길이요. 제가 보낸 당 한 줌은 균사를 타고 이웃 뿌리로 전해지고, 놓친 도토리 하나는 다람쥐의 망각을 지나 새 숲의 시작이 되더군요.

그래서 저는 결심했어요. 많이 벌어 넉넉히 흘려보내자고요. 길이 있어야 숲이 있고, 흐름이 있어야 제가 있네요. 오늘도 저는 제 몫을 보냅니다. 지하에선 당을, 지상에선 그늘을, 가을엔 도토리를. 제 세금이 길을 열어, 누군가의 내일로 이어지기를 바라요.

상수 올림

▲ 산할아버지의 답장

상수야, 네가 본 그 길은 숲의 숨겨진 혈관이란다. 사람의 몸에 혈액순환이 있듯, 숲에도 물질과 에너지의 흐름이 있단다. 너의 세금은 결코 흩어져 사라지지 않고, 반드시 어떤 길을 따라 흘러가며 새로운 몸을 세우지. 지하의 길은 균근 네트워크란다. 네가 보낸 당은 균사가 받아, 인과 질소를 멀리서 끌어다 준다. 학자들은 이 길을 Wood Wide Web이라 부르지. 종이 달라도, 나이가 달라도, 이 길 위에선 서로 빚지고 갚으며 숲의 장부를 맞춘다.

지상의 길은 먹이망이다. 도토리를 갉은 곤충, 그 곤충을 삼킨 새, 그 새를 노린 매…. 모두가 같은 질소 원자를 돌려쓴다. 죽은 몸은 분해자의 손을 거쳐 흙으로 내려가고, 다시 뿌리와 잎으로 올라온다. 그 길은 일방통행의 길이라기보다, 순환하는 길이다. 손실을 넘어 변환이라고 본다.

공중의 길은 바람의 무역로란다. 꽃가루와 솜 씨앗은 먼 숲으로 건너가 유전자를 섞는다. 이건 단순한 번식을 넘어, 숲과 숲을 잇는 장거리 투자지. 숲은 고립될 때보다 바람길을 통해 연결

될 때 더 오래 살아남는다. 네가 말한 다람쥐, 개미, 새, 멧돼지 같은 존재는 사실 숲의 중개자들이야. 그들의 '실수'와 '습관'이 새로운 생명을 심는다. 생태계는 그들을 세금 징수원으로 삼아, 네 몫을 다른 자리로 옮긴다.

    상수야, 기억하렴. **흐르지 않는 세금은 썩지만, 흐르는 세금은 숲을 살린다.** 네 몸에서 나온 탄소 한 줌, 물 한 방울, 잎사귀 하나가 누군가의 내일이 되는 길 위에서, 숲은 항상 흘러간다. 그 흐름이야말로 숲의 가장 큰 안전망이고, 생명의 오래된 경제학이란다.   산할아버지가

사라짐
완성의 또 다른 이름

씨앗은 자신의 생명을 다 쓰며 숲으로 스며든다. 발아하여 줄기와 잎을 만들고, 꽃을 피우고, 열매를 맺고, 다시 새로운 씨앗을 남기면 씨앗으로서의 여정은 다한다. 그러나 그 마지막은 새로운 질서로 이어지는 완성이다. 릴케Rainer Maria Rilke는 말했다. "진짜 사랑은 자신을 잃은 만큼 주는 것." 씨앗은 그렇게 자신을 내어 숲을 살린다.

사라짐의 화학적 유산

씨앗이 사라진 자리에는 다음 세대를 위한 물질과 에너지가 남는다. 여기에 지질은 새와 다람쥐, 곤충의 성장 연료가 되고, 전분은 토양 미생물의 밥이 되어 흙으로 환원된다. 씨앗의 모든 분자는 '나'를 내려놓고 '우리'를 위해 내어주는 세금이자 유산이다.

탄소(C)	잎·줄기·뿌리의 골격(셀룰로스·리그닌)을 이루는 뼈대
질소(N)	단백질과 효소의 원료가 되어 대사를 움직이는 힘
인(P)	ATP와 핵산의 주역으로, 에너지 운반과 유전 복제를 가능케 하는 핵심
칼륨(K)	세포 삼투 조절을 맡아 생명의 물길을 열어 주는 조절자
칼슘(Ca)	세포벽을 안정화하며 몸의 균형을 지켜 주는 버팀목
마그네슘(Mg)	엽록소의 중심 원자로서 빛을 붙잡아 광합성을 가능케 하는 심장

죽은 나무가 여전히 살아 있는 이유

숲길의 늙은 나무는 속이 비고 가지가 부서져도, 안쪽에서는 곰팡이 균사가 그물을 짜고, 딱정벌레 유충이 속살을 갈며, 딱따구리는 집을 짓는다. 빗물은 빈 줄기를 타고 흘러 토양을 적시고, 바람은 그 속에서 낮은 휘파람을 만든다. 겉모습은 멈춘 듯 보여도, 물질과 에너지의 흐름 속에서는 여전히 살아 있는 방식이다.

씨앗도 그렇다. 분해된 산물과 저장된 에너지가 다음 생명의 출발점이 된다.

기억되지 않는 헌신

우리가 마시는 커피, 씹는 빵, 삼키는 쌀 한 톨에도 수많은 씨앗의 마지막 헌신이 담겨 있다. 우리는 그것을 '식사'라 부르지만, 숲은 '생명의 마지막 기부'로 기록한다. 씨앗은 침묵 속에서 말한다. "나는 나를 다 써서, 너를 살리러 왔다." 그 말은 기록되지 않아도 숲은 오래 기억한다.

사라짐의 윤리

사라짐은 흩어짐 속에서 드러나는 남음의 또 다른 얼굴이다. 숲은 사라짐으로 완성되고, 그 완성은 언제나 새로운 시작을 부른다. 이 윤리는 생태계의 원리를 넘어, 오래 지속되는 모든 공동체가 배워야 할 방식이다.

🍃 **상수의 편지**

초겨울, 소리산 계곡 가장자리. 마감과 후회에 지친 제가 걸음을 멈추자, 산할아버지가 웃으며 제게 물으셨어요. "불을 세게 지피고 싶으냐, 오래 켜고 싶으냐?" 저는 한참을 망설이다가 대답했어요. "둘 다요." 산할아버지는 발치에 놓인 상수리 씨앗을 들어 보이셨어요. "이 아이는 하루 동안 받은 빛을 밤에 나누고, 다음 날을 위해 다시 빛을 모으지. 불을 지핀다는 건 순간의 번쩍임보다, 등잔처럼 오래 켜는 기술이란다." 그날, 산할아버지가 가르쳐 주신 다섯 가지 불의 기술을 마음에 새겼습니다."

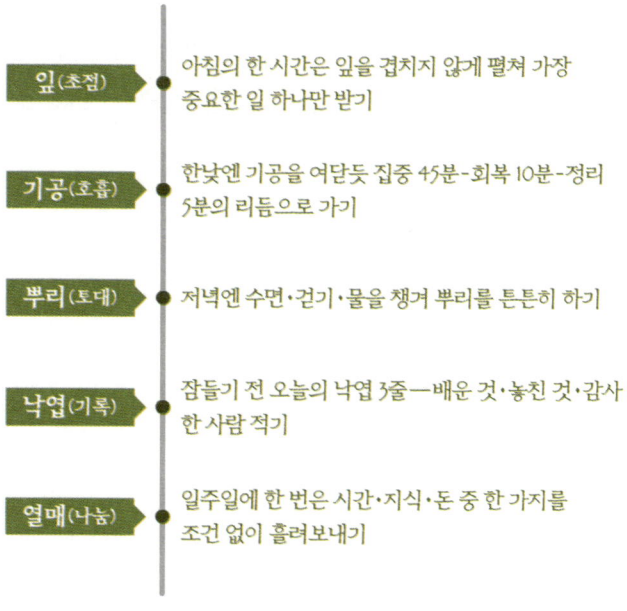

그리고 할아버지가 덧붙이셨어요. "빛은 다 쓰고, 몸은 남겨라. 그래야 내일 다시 켤 등잔이 있단다." 그 뒤로 저는 매일 작은

등잔을 켜고 있어요. 제가 남긴 빛이 누군가의 길을 조금이라도 덜 어둡게 한다면, 그날은 충분히 남김없이 보낸 날이지요.

상수 올림

▲ 산할아버지의 답장

상수야, 너는 잘 들었다. 씨앗은 마지막 순간까지 자신을 흩어 숲을 남기지. 그 사라짐은 화학적 언어로 기록된다.

- 남긴 탄소는 나무의 몸을 세우고,
- 질소와 인은 다른 생명의 대사를 움직이며,
- 칼륨과 칼슘, 마그네슘은 세포와 광합성의 문을 지켜 준다.

사람의 눈에는 작은 죽음 같아 보여도, 숲의 장부에는 새로운 시작의 자본으로 기록된단다.

너도 말했듯, 불꽃처럼 타오르는 삶은 금세 사라지지만, 등잔처럼 오래 이어지는 삶은 숲을 밝힌다. 릴케가 말한 것처럼, 사랑이란 자신을 잃어 주는 일이고, 씨앗은 늘 그렇게 살아왔다.

그러니 네가 오늘 다짐한 다섯 가지 불의 기술은 단순한 생활 습관이 아니라, 숲이 오래전부터 써온 생존의 문법이란다. 몸은 너의 숲이고, 휴식은 그 숲의 낙엽이며, 나눔은 그 숲의 도토리다. 기억하렴. 살았다는 건 쓰고 남겼다는 뜻이고, 남겼다는 건 또 다른 시작을 열었다는 뜻이다. 네가 남기는 작은 불빛 하나가, 다른 이의 내일을 열어 줄 것이다. 산할아버지가

악보

숲의 리듬을 짓는 빛의 속삭임

숲은 언제나 말이 없지만, 그 침묵은 보이지 않는 언어로 가득 차 있다. 작은 씨앗 하나가 흙 속에 누워 있을 때, 세상은 이미 그 언어로 말을 걸고 있었다.

씨앗은 귀가 없지만, 몸 전체로 듣는다. 눈이 없지만, 빛을 본다. 아니, 더 정확히는 빛의 결을 읽는다. 파장과 강도, 방향과 길이, 계절이 흐르는 장단까지—그 모든 것이 씨앗에게는 하나의 선율이다. 붉은빛은 저녁 언덕 너머에서 두드려 오는 북소리다. "쿵, 쿵—지금, 이제 문을 열어라." 그 울림에 씨앗의 심장은 두근거리며 대답한다. 초록빛은 숲의 수관 사이를 흘러내리는 잔잔한 바이올린이다.

"여기가 너의 자리다. 서두르지 말고, 숲의 한가운데를 느껴라."

빛과 생명
광자(光子) 한 알갱이가 씨앗 속 유전자의 문을 열어,
생명의 교향곡을 연주하게 한다.

    그 선율은 씨앗의 뿌리를 감싸며 깊이를 가르쳐 준다. 푸른빛은 공기를 가로지르는 맑은 피리다. 낮과 밤의 교차, 계절의 전환을 고운 숨결로 알려 준다.
    '때가 바뀌고 있다. 리듬을 잃지 마라.'
    씨앗은 이 모든 빛의 목소리를 음악처럼 받아 적는다. 귀로 듣지 않고, 몸으로 듣는다. 껍질은 북소리에 떨고, 뿌리의 상상은 현악기에 흔들리며, 어린줄기는 피리의 고운 숨결을 따라 몸을 기울인다. 그날, 숲에서 열린 음악회는 화려한 악보도, 이름난 연주자도 없었다. 오직 태양이 지휘자였고, 빛의 파동이 오케스트라였다. 씨앗은 그 연주를 전신으로 받으며 아주 작은 몸짓으로 응답했다.

'네, 여기 있어요. 살아가요.'

그 대답은 소리가 아니었다. 껍질의 미세한 갈라짐, 뿌리 끝의 더듬는 손길, 빛 쪽으로 기울어지는 줄기—그 침묵의 몸짓이 곧 말이었다. 숲은 말없이 응시하고, 씨앗은 말없이 대답한다. 빛은 음악이 되고, 씨앗은 그 악보 위에 첫 번째 문장을 쓴다. 그 순간, 씨앗의 삶은 더 이상 '잠'이 아니었다. 빛의 리듬 속에서, 씨앗은 세상과 맺는 가장 오래된 대화를 시작하고 있었다.

상수의 편지

산할아버지, 숲을 밝음과 어둠의 경계를 넘어, 서로를 부르는 수많은 목소리로 보았어요. 붉은빛이 제 껍질을 두드리며 "지금"이라고 속삭일 때, 저는 조용히 고개를 끄덕였어요. 푸른빛이 하루의 길이를 조율하며 '이만큼'이라고 알려 줄 때, 제 호흡도 그 선율에 맞추어졌어요. 초록빛이 수관을 뚫고 내려와 제 어깨를 덮을 때, 저는 여기가 제자리라는 걸 알았지요. 그늘도 빛의 또 다른 얼굴임을 알았어요. 빨강과 푸름, 초록의 비율이 달라진 목소리일 뿐이었지요. 그래서 서두르지 않고, 멈추지도 않으면서, 맞는 때를 고르는 법을 배웠습니다.

바람이 가지 사이를 넘기면 악보가 달라지고, 그 무늬의 가장 밝은 틈새에 제 몸을 기울입니다. 빛은 방향을, 그늘은 여백을, 저는 대답을 맡습니다. 이제 묻지 않아요. "깨어날까요?" 대신 이렇게 말해요. "여기서, 지금, 이 각도로." 빛을 낭비하지 않는다는 건, 하루를 흩어지지 않게 쓴다는 뜻이라는 것도 알게 되었어요.

오늘 저녁, 숲이 푸른 청광으로 기울 때, 제 안의 시계를 한 칸 넘기며 내일을 향해 몸을 세웠습니다. 말은 여전히 없지만, 세상의 빛이 다가와 속삭일 때마다 이렇게 답합니다.

"네, 여기 있어요. 살아갑니다." 상수 올림

▲ 산할아버지의 답장

상수야, 네가 들은 빛의 목소리는 숲이 오래전부터 지켜온 과학의 언어란다. 빨강과 원적색의 비율은 피토크롬이라는 수용체가 읽어 낸다. 낙엽 아래나 숲속 그늘에서는 원적색이 많아져 '아직'이라는 기다림의 신호가 되고, 햇볕이 쏟아지는 곳에서는 붉은빛이 우세해 '지금'이라는 시작의 북소리가 된다.

푸른빛은 크립토크롬이 받아들여 낮과 밤, 계절의 길이를 헤아려 준다. 꽃이 피는 시기, 잎이 지는 순간은 모두 이 푸른 피리의 선율을 따라 움직인다. 초록빛 또한 숲의 깊은 층을 지켜 주는 배경광이다. 수관 밑에서도 나무가 자라도록 스며들어, 숲의 중층과 하층을 지켜주는 완충 리듬이 된다.

이 빛의 언어는 식물의 생리만을 움직이는 데 머물지 않는다. 광합성 속에서는 빛의 입자, 곧 광자가 파동처럼 얽혀 이동한다. 과학자들은 이것을 '양자적 협동 coherence'이라 부른다. 덕분에 씨앗이 받은 한 줄기의 빛도 거의 흩어지지 않고 엽록체 속 회로를 흐르며 에너지로 전환된다. 빛은 자극을 넘어, 생명에게 가장 정밀한 화폐이자 가장 오래된 음악이다. 상수야, 네가 오늘 느낀 대답—'여기서, 지금, 이 각도로'—은 감각의 직관을 넘어 숲 전체가 수백만 년 동안 검증해 온 생존의 문법이란다.

숲은 말 대신 빛으로 대화하고, 나무는 잎으로 응답하며, 씨앗은 발아로 화답한다. 빛을 읽는다는 것은 눈으로 보는 차원을 넘어, 세상의 리듬에 몸을 맞추는 일이다. 네 몸이 그 언어를 기억한다면, 언제 어디서든 너는 숲의 대화 속에 서 있을 것이다.

산할아버지가

교향곡
숲의 호르몬 오케스트라

새벽, 숲은 아직 반쯤 잠들어 있지만, 나무 안쪽에서는 이미 작은 오케스트라가 깨어난다. 지베렐린이 북소리처럼 "일어나라" 신호를 울리면, 브라시노스테로이드brassinosteroid, BR가 현악처럼 세포벽을 풀어 길게 늘이고, 옥신은 지휘자의 손짓처럼 방향을 정한다. 시토키닌은 새로운 눈을 깨우며 합창을 붙인다. 나무의 하루는 이렇게 문을 연다.

아침, 동쪽에서 들어온 빛이 나무의 얼굴을 부드럽게 흔든다. 줄기는 빛을 향해 고개를 돌리고, 뿌리는 무게가 부르는 아래로 내려간다. 윗눈은 깃발처럼 우선권을 갖지만, 옆눈도 잠시 들썩인다. 균류에게 흘려보낸 당방울은 지하의 대화를 불러일으킨다. "너는 흙을 가져와. 나는 햇빛을 나눌게."

한낮, 햇살은 뜨겁고 잎은 숨을 고른다. 앱시스산이 조용히 나서 기공을 닫아 물을 아끼게 하고, 안쪽에서는 여전히 늘림꾼과 나누기꾼이 분주히 일한다. 바람은 오븐의 숨처럼 공장을 식히고, 물과 빛은 반죽처럼 생명의 구조를 빚는다.

오후, 가지와 잎은 서로의 그늘을 견뎌야 한다. 어떤 잎은 옆으로 빠져나가고, 어떤 잎은 좁은 틈의 빛을 모아 고요히 버틴다. 그때 누군가가 잎을 베어 가면, 자스모네이트 jasmonate, JA가 경보를 울린다. 쓴맛과 초록 향이 번지며 "여긴 쉬운 밥상이 아니야"라고 말한다.

저녁, 해가 기울자 에틸렌 ethylene, ETH이 '익음'의 노래를 부른다. 열매는 달콤하게 붉어지고, 잎자루엔 보이지 않는 이별 선이 그어진다. 낙엽은 떨어지기 전에 마지막 빛을 반짝이며 속삭인다. "내일의 흙이 되겠다."

밤, 숲은 고요해지지만 안쪽에선 여전히 호르몬의 작은 불빛들이 교대로 일한다. 살리실산 salicylic acid, SA은 보이지 않는 병에 대비해 몸 전체를 단단히 하고, 스트리골락톤 strigolactone, SL은 가지의 욕심을 조율하며 균근에게 신호를 보낸다. 자유와 안전 사이에서 나무는 매 순간 협상하며 살아남는다.

하루가 끝나면 나무의 몸에는 보이지 않는 음표들이 남는다.

'늘린 자리, 참은 자리, 나눈 자리, 떠난 자리.'

그것은 다음 날의 악보가 된다. 해가 다시 떠오르면, 같은 악기들이 또 다른 화음을 연주한다. 말없이 그러나 분명하게. 나무 한 그루의 하루는 이렇게 완성된다.

🌿 상수의 편지

눈앞에서 보는 9가지 호르몬 놀이

산할아버지, 오늘 저는 제 몸 안의 작은 심부름꾼들을 놀이로 바꿔 보았어요. 숲길이나 집 마당에서 누구나 따라할 수 있는 관찰이에요.

지베렐린(GA) — "시작해!"
씨앗을 두 봉지로 나눠 하나는 냉장고, 하나는 실온에 두세요. 꺼내 심으면 냉장을 거친 쪽이 더 빨리 깨어나요.

앱시스산(ABA) — "아직 아니야."
정오와 저녁, 잎 뒷면을 확대경으로 보면, 뜨거운 낮엔 기공이 닫혀 있는 걸 볼 수 있어요.

옥신(IAA) — "빛 따라 움직여."

구멍 뚫은 상자에 어린 싹을 넣어 보세요. 하루 뒤 줄기가 구멍 쪽으로 굽어 있어요.

시토키닌(CK) — "옆눈을 깨워라!"

허브나 콩의 꼭대기만 살짝 잘라 보세요. 며칠 뒤 옆가지가 동시에 자라나요.

브라시노스테로이드(BR) — "길게 혹은 넓게."

새싹을 어두운 컵과 밝은 창가에 두면, 어두운 쪽은 길쭉하고 창가 쪽은 짧지만 잎이 넓어요.

에틸렌(ET) — "익어라."

덜 익은 토마토를 바나나와 함께 봉지에 넣으면, 토마토가 더 빨리 빨개져요.

자스모네이트(JA) — "누가 먹었어?"

잎을 하나 긁으면 금세 강한 풀향이 올라와요. 방어 신호가 켜진 거예요.

> **살리실산(SA) — "병에 맞서라!"**
> 반점 생긴 잎을 매일 사진 찍어 보세요. 주변 잎들이 단단해지고 번짐 속도가 줄어요.

> **스트리골락톤(SL) — "가지 욕심 줄이기."**
> 비료가 많은 화분과 적은 화분을 비교해 보세요. 적은 쪽은 가지가 줄고 줄기가 길어져요.

산할아버지, 이렇게 보니 호르몬은 말보다 먼저 대답하는 작은 연주자 같아요. 내일은 신발상자 실험부터 해 볼까요? 빛을 향해 구부러지는 제 몸으로, 저는 호르몬이 연주하는 노래를 보여 드릴게요.   상수 올림

▲ 산할아버지의 답장

사랑하는 상수야, 네가 보낸 편지를 읽으며 나는 참 흐뭇했다. 작은 손끝에서 숲의 보이지 않는 연주가 이렇게 또렷하게 드러나니, 참으로 놀랍고 고맙구나. 네가 그려 낸 아홉 장면은 단순한 놀이가 아니라 생명과 시간, 관계와 책임을 함께 짚어 내는

오래된 교본이었단다.

먼저, 생물의 언어로 보자. 지베렐린이 문을 열고, 앱시스산이 닫으며, 옥신이 방향을 정하고, 시토키닌이 분열을 이끈다. 브라시노스테로이드는 벽을 느슨히 풀어 키를 늘리고, 에틸렌은 성숙과 이별을 알린다. 자스모네이트는 상처에 휘파람을 불고, 살리실산은 병의 기억을 남기며, 스트리골락톤은 가지의 욕심을 절제한다. 이들은 눈에 보이지 않는 작은 분자들이지만, 그 작은 조율이 네 몸을 나무로 빚어 내는 거란다.

다음은 생태의 관점이다. 네 몸속 호르몬들의 대화는 뿌리와 잎, 빛과 흙까지 이어지는 숲의 대화야. 기공을 닫는 건 네 물을 아끼는 일이지만, 동시에 숲 전체의 수분 균형을 지켜 내는 일이 된다. 낙엽으로 남기는 질소와 칼슘은 다음 세대를 키우는 밑거름이 되거든. 가지를 절제하는 것은 나무의 외형을 다듬는 차원을 넘어, 숲 전체의 구조와 햇빛의 분배를 새롭게 여는 일이다. 네 작은 화학적 움직임 하나가 숲의 리듬 전체를 흔드는 거지.

이번엔 철학의 눈으로 볼까? 호르몬들의 합의는 늘 두 가지를 오간다. '지금이냐, 아직이냐.' '나를 키울까, 너를 살릴까.' '더 크게 펼칠까, 아니면 멈추고 기다릴까.' 이 질문들에 답하는 방식은 경쟁이 아니라 조율이고, 강제가 아니라 타협이란다. 숲은 늘 그 방식으로 살아왔다. 네가 관찰한 작은 변화들은 결국 우리에게 이렇게 속삭인다. "살아간다는 건 내 안의 힘을 언제 여닫

을지, 언제 나누고 비울지를 고르는 일이다."

　얘야, 나는 네가 호르몬 속에서 화학의 언어를 넘어, 삶의 태도를 읽어 내고 있다는 걸 보았다. 그것이 가장 귀한 통찰이다. 네가 오늘 실험 상자에서 본 작은 줄기의 휘어짐은 과학의 언어와 철학의 대답이 만나는 자리다. 옥신이 농도의 차이로 신호를 보내고, 생명은 그 신호를 '빛을 향해야 한다'는 태도로 응답한다. 그러니 늘 기억하거라. 과학의 언어는 정확해야 한다. 그러나 그 속에는 숲 전체가 나누는 지혜가 숨어 있고, 우리 삶을 비추는 철학이 함께 숨어 있다는 것도 알아야 한다.

　너의 작은 호르몬 실험 하나가, 숲과 인간이 어떻게 살아야 하는지를 보여 주는 교과서가 된단다. 그래서 나는 참 흐뭇하고, 또 든든하다.

　　　　　늘 네 몸과 마음이 숲의 리듬과 함께 있기를 바라며
　　　　　　　　　　너의 산할아버지가

유혹
향기와 맛의 초대장

꽃이 열매로 바뀌는 순간부터 씨앗은 새로운 동행을 찾는다. 스스로 걷거나 날 수 없으니, 누군가의 발과 날개를 빌려야 한다. 그 방법은 향기와 맛으로 속삭이는 섬세한 언어다. 씨앗이 무르익어 가면 열매는 달콤한 과육으로 감싸지고, 때가 차면 보이지 않는 분자들이 공기 속으로 스며나온다. 꽃사과의 산뜻함, 다래의 맑은 기운, 고욤의 달콤한 기척—이 휘발성 화합물들은 바람을 타고 새와 네발 동물의 코끝에 닿는다.

향기는 그들에게 정확한 시간표다. 미숙할 땐 떫고 쓴 맛으로 접근을 늦추고, 씨앗이 완성되면 향은 절정으로 오르며 당분은 높아지고 산도는 낮아져 맛이 부드러워진다. 이렇게 정밀하게 조율된 순간, 열매는 보호와 이동이라는 두 가지 과제를 동시에 이룬다. 동물들은 이 초대장을 거의 외면하지 못한다. 새는 선명한 빛깔과 향을 좇고, 포유류는 단맛과 부드러운 식감을 따른다. 그들이 열매를 삼키면 씨앗은 소화관을 지나며 안전하게 이동한다. 때로는 단단한 껍질이 약간 풀려 더 빠르고 고르게 발아할 준비가 된다. 이 과정은 서로의 필요가 맞물린 연결이다.

사람 사이의 관계도 이와 닮았다. 억지로 끌지 않고, 저절로 다가오게 하는 힘—말 한마디, 눈빛 한 번, 함께한 시간의 온기처럼. 씨앗이 향기와 맛으로 세상을 부르듯, 우리도 서로를 그렇게 부른다. 향기의 시간은 짧다. 햇빛과 바람 속에서 금세 흩어지지만, 바로 그 순간이 가장 강력한 초대장이 된다. 그 초대에 응한 누군가가 다가오고, 그 만남 속에서 생명은 다음 장으로 이어진다.

다래의 편지

향기와 맛의 수업

산할아버지, 저는 향기를 배웠어요. 빛이 기울고 제 안이 가득 찼을 때, 열매가 조용히 신호를 보낸다는 걸요. 익음의 스위치[24]—

---

[24] 열매 조직에서 에틸렌(가스 형태의 식물 신호)이 오르면 향·색·부드러움이 한꺼번에 성숙 방향으로 전환된다.

열매 조직에서 에틸렌이 오르면 향과 색, 부드러움이 함께 성숙 쪽으로 바뀌더군요. 그 신호가 공기를 타고 멀리 가면, 새가 먼저 알아채고, 오소리와 고라니가 뒤따라와요. 그들이 달콤함을 베어 무는 순간, 저는 그들의 길을 따라 더 먼 흙으로 옮겨 갑니다.

아직 차지 않았을 때는 맛도 향도 낮게 머물다, 완성이 되면 굳이 말하지 않아도 주변이 알아줍니다. ㅡ"지금이야." 그 작은 합의 덕분에 저는 상처 없이 새로운 자리에 누울 수 있어요. 누군가는 열매로 힘을 얻고, 저는 이동의 길을 얻고, 숲은 그 힘으로 다음 계절을 준비합니다.

짧은 향기의 순간이 지나면 다시 고요해지지만, 그때부터 진짜 이야기가 시작됩니다. 새의 위장을 지나며 풀리는 단단한 껍질, 빗물에 씻겨 내려간 과육, 바람에 말려 단단해진 표면ㅡ이 모든 우연이 제 편이 되도록, 저는 오래전부터 연습해 온 셈이에요. 오늘도 저를 지나간 향기가 누군가의 길이 되길 바라요. 저는 작지만, 그렇게 세상을 부르는 법을 배웠어요. 다래 올림

▲ 산할아버지의 답장

다래야, 네가 말한 향기와 맛의 초대장은 사실 숲에서 가장 오래된 외교술이란다. 나무와 풀은 힘으로 이기지 않고, 향기로 설득하고, 맛으로 동맹을 맺어 왔지. 너의 말처럼 에틸렌이 스위

다래
숲의 파티 초대장. 다래의 맛과 향기는 이동의 계약서다.

치를 켜면 단맛을 올리고 떫음을 내리고, 빛깔과 향기가 절정에 이르지. 이것은 단순히 열매의 완성을 넘어 관계의 시작이란다.

  생태의 눈으로 보면, 이 초대는 숲 전체를 이어 주는 다리야. 새가 씨앗을 삼키고 멀리 날아가 똥으로 남기면, 그곳은 곧 새로운 숲의 기점이 되지. 포유류가 먹고 흙을 뒤적이면, 땅속은 숨을 쉬고, 새로운 뿌리가 내릴 틈이 생겨. 맛과 향으로 맺어진 약속이야말로 숲을 넓히는 힘이지.

  철학의 눈으로 보면, 향기의 짧음은 오히려 영원의 방식이야. 가장 강렬한 순간은 오래 머무르지 않고 흩어지지만, 그 흩어짐이 다음 계절의 시작을 부르거든.

우리 삶도 마찬가지란다. 오래 붙들려 하기보다, 알맞은 순간에 내어 주는 것이 가장 큰 힘이 된다. 네가 배운 향기의 수업은 결국 이런 말을 남긴단다. '살아간다는 건 내가 완성된 순간, 저절로 다가오게 하는 것이다.' 나는 네가 오늘 배운 향기를 너의 삶에도 심어 주기를 바란다. 　　　　　　너의 산할아버지가

마치는 글

숲은 침묵으로 소통한다. 잎에서 만든 달빛 같은 당이 줄기를 타고 내려 뿌리와 흙, 이웃에게 스며든다. 향기는 보이지 않는 길 표지標識처럼 날개 친구들의 시간을 맞춘다. 떨어진 잎과 씨앗은 해체되어 다시 숨을 세운다. 사람은 이를 셈으로 다루기도 하지만, 숲은 예의라 부른다. 침묵은 여백이자 약속이다. 끝난 문장은 흙에서 풀리고, 풀린 문장은 다음 문장을 부른다. 숫자 대신 오래 남는 것은 다시 시작하게 하는 기적, 곧 여운이다.

🌿 **상수의 편지**

산할아버지, 오늘 저는 나눔의 연습을 했어요. 햇빛이 강해질 때 잎의 문을 고르게 조절하고, 남은 당을 뿌리로 내려 이웃과 나눴지요. 해 질 무렵에는 향기를 조금 더 진하게 내어 친구들의 길을 열어 주었어요. 이제 떨어질 준비도 해요. 제 낙엽이 흙에서 새로운 문장을 만들 동안, 누군가의 내일이 시작되겠지요. 제 침묵이 다른 이의 첫 줄이 되길 바랍니다. 상수 올림

▲ **산할아버지의 답장**

잘했다. 상수야, 너의 당은 균과 뿌리의 길에서 공유가 되고, 저녁의 향기는 먼 곳의 곤충까지 부르는 신호가 되지. 밤의 고요 속 시계(일주기 리듬)는 내일의 문을 준비하고, 너의 사라짐은 흙에서 순환으로 말을 잇는단다.

여운을 남겨라. 남김이 흐름이 될 때, 너의 침묵은 많은 시작을 불러온다. 나는 위에서, 너는 아래에서, 같은 호흡으로 4부를 열게. 너의 산할아버지가

4부_ 씨앗은 관계를 남긴다

생명을 감싸고 이어 주는 구조들에 대하여

여는 글

　침묵이 대화가 되었다면, 이제 그 대화는 구조로 드러난다. 씨앗은 뿌리를 흙에 두어 길을 만들고, 줄기를 세워 하늘과 이어지며, 잎을 열어 바람과 빛을 거처로 맞이한다. 이 작은 몸짓은 생존을 넘어서는 전략이며, 관계를 건축하는 행위다. 머무른 자리마다 흔적이 남고, 그 흔적은 새로운 생명을 부르는 징검다리가 된다. 삶을 이어 가지 못한 씨앗들은 멈춤의 자리가 되어 숲의 질서를 품고 기억을 전한다. 관계는 씨앗이 남긴 가장 오래된 도면이며, 그 도면은 우리에게 삶의 길을 밝혀 주는 나침반이 된다.

이동
생명을 움직이게 하는 존재들

대낮이었다. 햇빛이 숲바닥까지 눕던 시간. 고요를 깨고 오소리 한 마리가 흙먼지를 일으키며 지나갔다. 낙엽 속에서 튀어나온 씨앗이 바람에 휩쓸리듯 등 털엔 숲의 먼지가 얇게 내려앉아 있었고, 발이 닿은 자리마다 흙이 부드럽게 움푹 팼다. 그 순간 문득 떠올랐다. '너도 씨앗이구나.'

껍질 속 배아만이 씨앗이 아니었다. 오소리 역시 나무가 키운 또 다른 씨앗이었다. 먹고, 걷고, 배설하며 숲 어딘가에 새 생명의 기회를 남기는 '살아 있는 씨앗'.

오소리의 식성 — 과즙 많은 열매를 고르는 운반자

오소리는 도토리와 밤 같은 견과도 먹지만, 여름과 초가을에는 오디·산딸기·노간주나무 열매처럼 과즙이 많은 과실에 더 마음을 기울인다. 하루 동안 수십, 때로 수백 개의

오소리
숲의 보이지 않는 디자이너

열매가 배 속을 지난다. 단단한 씨앗은 소화액을 견디며,[25] 위와 장을 통과하는 동안 껍질이 살짝 연화되어 발아가 쉬워지기도 한다.[26] 과실의 당과 향은 오소리의 에너지이자, 씨앗의 여행 연료다.

배설 장소와 씨앗 확산의 정확성

오소리는 같은 자리에 며칠, 몇 주 동안 배설을 모은다. 그 '배설장소latrine'에는 수십, 수백 개의 씨앗이 섞여 있고, 햇볕과 배수가 좋은 자리에 위치하는 경우가 많다. 이 습성 덕분에 씨앗은 발아 조건이 괜찮은 자리에 묶음으로 배달된다. 곰·여우·너구리 같은 다른 포유류도 숲의 지도를 천천히 바꾸는, 보이지 않는 조경사들이다.

관계라는 껍질

그날 나는 배웠다. 씨앗은 나무의 시작을 넘어, 숲 전체를 이어 주는 생명의 매개체다. 뿌리로 미는 씨앗이 있고, 날개로 떠가는 씨앗이 있으며, 호흡하며 걷는 씨앗도 있다.

---

[25] **내생 산포(endozoochory):** 동물이 열매를 먹고 씨앗을 배설해 퍼뜨리는 방식. 씨앗은 단단한 껍질로 소화를 견딘다.

[26] **휴면 해제 효과:** 위·장의 산성·기계적 마찰이 씨껍질을 살짝 약해지게 한다. 이로써 물과 산소가 침투하기 쉬워지므로, 발아가 빨라질 수 있다.

어떤 씨앗은 달아나기도 한다.

   나무는 자기 씨앗만 키우지 않는다. 잎으로 그늘을 드리우면, 그 그늘에 다른 생명들이 숨 쉬고 둥지를 튼다. 그 자리 자체가 씨앗의 확장이다. 씨앗은 껍질로만 정의되지 않는다. 어떤 씨앗은 서로의 삶에 스며드는 방식으로 관계라는 껍질을 입는다.

숲의 설계 속 오소리

   그 뒤로 숲을 보는 눈이 달라졌다. 동물·곤충·이끼·균류 모두가 나무의 바깥쪽 생각, 씨앗의 외부화로 보였다. 그 관계망은 눈에 덜 띄지만, 지하 뿌리 네트워크처럼 단단하다.

   오소리는 자신이 씨앗이라는 걸 몰랐을 것이다. 그러나 그는 분명 누군가를 자라게 만든 존재였다. 숲은 이렇게, 스스로 의식하지 못하는 씨앗들로도 완성되어 간다.

오소리의 편지

   산할아버지, 저는 오늘 제 안에서 작은 비밀을 발견했어요. 사실 저는 열매를 먹고 사는 단순한 숲의 주민인 줄 알았어요. 하지만 어느 날, 제 발자국마다 흙이 열리고, 제 뱃속을 지난 씨앗들이 흙 위에 놓이는 걸 보았지요. 그때 알았어요. 저도 씨앗을 옮기는 씨앗이라는 걸요.

제가 삼킨 열매는 달콤한 힘이 되어 제 몸을 움직이고, 그 속의 단단한 씨앗은 자기도 모르는 사이에 먼 길을 떠나요. 저는 그저 먹고 걷고 쉬었을 뿐인데, 제 뒤엔 누군가의 내일이 자라고 있더군요. 숲은 제 몸을 통과하며 더 넓게 이어지고 있었던 거예요. 저는 씨앗의 껍질이 나무가 만든 단단한 옷이면서, 저 같은 동물의 길과 배설도 될 수 있다는 걸 깨달았어요. 관계가 곧 껍질이었고, 그 관계가 숲을 지켜 주는 힘이었지요.

산할아버지, 저는 앞으로도 그 사실을 크게 의식하지 못한 채 살아가겠지요. 그러나 이제는 압니다. 제가 걷는다는 건 발자국을 새기는 동시에, 숲의 내일을 옮기는 일이라는 걸요. 그래서 이렇게 고백합니다. 저는 오소리지만, 동시에 하나의 씨앗입니다. 제 발자국이 숲의 문장이 되고, 제 배설이 새로운 시작이 되기를 바라며 오늘도 걷습니다.

걷는 씨앗
오소리 올림

▲ **산할아버지의 답장**

사랑하는 오소리야, 네가 흙먼지를 일으키며 지나간 흔적 속에서 나는 씨앗의 길을 보았단다. 너의 발자국마다 흙이 부드럽게 열리고, 네 뱃속을 지난 씨앗들이 그 길을 따라 흩날리듯 남겨지지. 너는 그것을 의식하지 못했을지 모르지만, 숲은 네 발걸음마다 새로운 가능성을 기록하고 있단다.

먼저, 생물의 눈으로 보자꾸나. 너는 열매를 먹고 살아가지. 산딸기·오디·노간주나무의 작은 알맹이들이 네 위와 장을 지나며 껍질이 살짝 약해진단다. 그 과정은 씨앗에게 발아를 쉽게 해 주는 열쇠가 돼. 우리는 이것을 '내생 산포'라고 부른단다. 네 배 속의 산성과 마찰은 씨앗의 방패를 조금 풀어 주고, 너는 그것을 무심히 숲에 다시 내려놓지. 단순한 먹이 활동 같지만, 사실은 너의 장이 작은 발아실이 되는 거야.

다음은 생태의 자리에서 보자꾸나. 너는 먹고 나서 아무 데나 두지 않지. 며칠, 몇 주를 같은 곳에 배설을 쌓아 두는 너의 습성이 숲에겐 축복이란다. 햇빛이 닿고 물 빠짐이 좋은 자리에 너는 작은 화원을 심어. 씨앗은 조건이 좋은 자리에서 함께 깨어나고, 숲은 그곳에서 새로운 패턴을 시작한단다. 너의 흔적은 단순한 배설이라기보다, 숲의 지도를 다시 그리는 붓질이 되는 것이지.

마지막으로 철학의 빛으로 보자꾸나. 오소리야, 너는 네가 씨앗을 옮긴다는 사실을 모르지. 그러나 바로 그 무심함 속에서 숲은 완성된단다. 씨앗은 껍질 속에만 있지 않아. 관계 속에도 숨어 있는 법이지. 네가 먹고, 걷고, 남긴 흔적이 씨앗의 또 다른 껍질이 된단다.

삶이란 늘 그렇지. 우리는 종종 자신만을 위해 산다고 믿지만, 사실은 우리의 삶이 다른 존재의 내일을 열어 주는 길이 돼. 네가 살아가는 방식 자체가 누군가의 미래를 품고 있는 씨앗의 방식이란다.

오소리야, 네 발걸음은 단순한 이동을 넘어 숲의 내일을 심는 걸음이구나. 네 배는 씨앗의 여정을 이어 주는 작은 강이지. 네가 무심히 보낸 하루가 숲 전체를 살리는 거대한 씨앗의 껍질이 되는 거야. 너는 네가 씨앗인 줄 모르지만, 숲은 알고 있단다. 그 진실을 기억하는 건 바로 나무와 흙, 그리고 오늘 이 글을 적는 산할아버지다.

늘 네 발길이 숲을 풍요롭게 하기를 바라며
산할아버지가

건축
씨앗의 외부화와 관계 맺음

한낮의 숲은 느리게 숨을 쉬고 있었다. 햇빛은 나뭇잎을 거쳐 부드럽게 흘러내리고, 바람은 작은 소리를 남기지 않으려 조심스레 지나갔다. 그 고요 속에서 나는 쪽동백나무 한 그루 앞에 멈춰 섰다. 가지마다 매달린 초록빛 고리들―멀리서 보면 마른 잎이 조금 말린 것 같았다. 하지만 가까이 다가가자, 그 잎들은 생존을 위해 치밀하게 설계된 원통형이었다. 가장자리는 가느다란 바느질 선처럼 봉합되어 있었고, 봉합 사이로는 햇빛이 한 줄기조차 스며들지 않았다. 이것은 장미색들명나방의 집이었다.

장미색들명나방 ― 잎을 꿰매는 건축가

그들은 먼저 잎을 고른다. 너무 두껍지도, 너무 얇지도 않은 결. 빛이 하루에 몇 시간 드는지, 빗물이 머무는 각도까지 그 모든 조건을 살핀다. 그리고 자신이 몸속에서 뽑아낸 단백질성 실로 잎을 감싸듯 꿰맨다.

이 바느질에는 서두름이 없다. 실은 잎의 결을 해치지 않도록 단단하지만 부드럽게 당겨지고, 통풍을 위한 틈이 의도적으로 남겨진다. 완성된 구조물은 마치 한 송이 접힌 꽃 같지만, 그 안에는 알 하나가 어둠 속에 매달려 있다. 잎살 속의 공기는 외부보다 약간 더 따뜻하고, 습기는 알이 마르지 않게 유지된다. 나방은 스스로 씨앗을 만드는 대신, 타자의 몸을 빌려 씨앗의 형식을 닮은 집을 짓는다. 그래서 나는 이 집을 볼 때마다 이렇게 생각한다. '이건 씨앗이 아니다. 하지만 씨앗이 되고 싶었던 공간이다.'

때죽납작진딧물 — 타자의 몸으로 빚는 집

때죽납작진딧물은 직접 재료를 나르지 않는다. 대신 나무의 잎에 아주 가느다란 바늘 같은 입을 찔러, 미묘한 화학 신호를 흘려보낸다.

그 신호는 잎 세포를 흔들어 깨운다. 세포들은 마치 오래된 기억을 꺼내듯 갑자기 부풀어 오르고, 표면이 말려 들어가 닫힌다. 그렇게 만들어진 벌레집(충영)[27]은 단단하고, 비밀

---

[27] 모든 곤충이 나뭇잎에 짓는 집을 통틀어 말한다. 충영은 때죽나무에서 때죽납작진딧물이 만든 집을 가리킨다.

장미색들명나방
섬세한 날개 결이 잘 보인다.
장미색들명나방은 애벌레 시절의 독특한 건축 습성(잎 꿰매기, 말기) 때문에
숲속에서 '작은 건축가'라 불릴 만하다.

스럽고, 완벽히 닫힌 작은 방이 된다. 진딧물의 알과 유충은 그 안에서 외부의 변화로부터 완벽히 차단된 채 자란다. 이것은 자기 힘으로 지은 집이 아니지만, 관계가 만든 완벽한 보호막이다. 씨앗이 자기 껍질을 만드는 것과 달리, 이 집은 타자의 몸을 설득해 만들어진다. 그리고 바로 그 점에서, 숲 속의 또 다른 건축술이 완성된다.

말벌과 쌍살벌 — 육각형의 예술

숲 가장자리, 오래된 산벚나무 줄기 밑에서 나는 바스락거리는 소리를 들었다. 가까이 다가가자, 말벌 한 마리가 나무껍질을 조금씩 긁어 입속에 넣고 있었다. 그들은 나무에서 긁어 온 셀룰로스cellulose를 침과 섞어 부드러운 펄프로 만든 뒤, 그것을 층층이 쌓아 육각형 방을 만든다. 육각형은 공간과 재료의 효율을 극대화하는, 자연이 오래전부터 알고 있던 답이다. 완성된 벌집 안에는 알이 놓이고, 유충이 자란다. 그러나 군체가 떠나면 이 집은 비워진다. 버려진 벌집은 거미나 작은 곤충들의 새로운 집이 되고, 시간이 지나면 바람과 비에 깎여 토양으로 돌아간다. 떠남과 남김이 하나의 구조 안에서 이어진다.

다시, 관계라는 껍질

씨앗은 반드시 자기 몸 안에만 있지 않다. 어떤 씨앗은 잎으로 지어진 집 속에 있고, 어떤 씨앗은 나무의 몸속에서 잠들며, 또 어떤 씨앗은 타자의 집에 묻혀 자란다. 이 모든 것은 관계라는 껍질 속에서 이루어진다. 그 껍질은 서로의 삶에 스며든 시간과 의도다.

나는 이 구조들을 볼 때마다 느낀다. 숲은 결코 홀로 자라지 않는다. 모든 생명은 누군가의 집이 되고, 누군가의 씨앗을 감싼다. 그리고 언젠가 그 집은 비워지고 흔적은 남아 또 다른 생명을 불러들인다.

🦋 장미색들명나방의 편지

산할아버지, 저는 숲의 한 귀퉁이에서 집을 짓는 작은 나방입니다. 제 날개 빛은 장미색을 닮았다고들 하지만, 저에게 더 소중한 건 제 어린 시절, 잎을 꿰매 만든 그 은밀한 방이에요. 저는 씨앗처럼 단단한 껍질을 만들 수 없기에, 타자의 몸을 빌려 제 알을 감싸야 했습니다. 너무 두껍지도 얇지도 않은 잎을 고르고, 햇빛과 빗물의 결을 살펴, 제가 뽑아낸 실로 천천히 꿰매어 꽃봉오리 같은 방을 만들었지요. 그 안에서 저는 따뜻함을 품어요.

습기는 빠지지 않고, 바람은 지나치게 들이치지 않죠.

제 집은 곧 씨앗을 닮은 집이었어요. 제가 꿰맨 그 방은 오래가지 않아요. 어린 애벌레가 자라 세상을 만나면, 그 집은 빈 껍질로 남아요. 그러나 그 빈 껍질마저도 다른 작은 이들이 지나가며 숨을 고르는 자리가 됩니다. 저는 집을 짓고 떠나지만, 그 집은 저보다 오래 남아 숲속 어딘가에 흔적으로 남습니다. 그래서 저는 이렇게 생각해요. '나는 작은 씨앗이었다. 다만 껍질을 스스로 만들지 않고, 관계 속에서 빌려 지었을 뿐.'

산할아버지, 저는 묻고 싶어요. 저 같은 존재도 씨앗이라 불릴 수 있을까요?   장미색들명나방 올림

▲ 산할아버지의 답장

작은 건축가 들명아, 네 편지를 읽으며 나는 네 집을 떠올렸단다. 잎살을 꿰맨 그 집은 분명 씨앗을 닮았구나.

생리적으로 보자면, 네 몸에서 흘려낸 단백질성 실이 잎맥과 잎살을 단단히 묶고, 공기와 습도를 조율하여 네가 마르지 않게 하지. 그 설계는 결코 우연이 아니란다. 네가 씨앗을 직접 만들지는 않지만, 너는 잎을 빌려 씨앗과 같은 기능을 완성한 거야. 생태적으로도 너는 숲의 큰 관계망 속에 살고 있단다. 네 집은 단지 너 하나의 요람이라기보다 숲의 또 다른 껍질이란다. 너의

집을 떠난 뒤엔 다른 작은 곤충이나 거미가 머물 수 있고, 그 잎은 결국 떨어져 흙이 되지.

때죽납작진딧물 또한 잎을 조작해 충영을 만들고, 말벌과 쌍살벌은 셀룰로스를 긁어 육각의 집을 세운단다. 모두가 씨앗을 본받아, 자기 생명을 감싸는 공간을 짓고 떠나는 거야. 씨앗의 원리는 나무만의 것이 아니고, 숲 전체가 공유하는 건축술인 셈이지.

철학의 눈으로 보자면, 네 질문에 이렇게 답할 수 있지. "너도 씨앗이다." 씨앗이란 단지 껍질에 든 배아만을 말하지 않는단다. 새로운 생명을 지켜 내고, 그 공간을 타인에게도 남기는 모든 행위가 씨앗의 일이지. 너는 잎을 꿰매어 관계라는 껍질을 남겼으니, 네 존재 역시 숲의 씨앗이란다. 네 집은 관계가 빚은 시간의 방, 숲의 또 다른 문장이었다.

나방아, 기억해라. 너의 날갯짓은 짧지만, 네가 남긴 집은 숲속에 오래 남아 또 다른 씨앗이 되어 감을. 그러니 네 삶은 작은 빛으로 스쳐 가도, 이미 숲의 구조 속에 단단히 새겨진 것이란다.

숲의 오래된 나무
산할아버지가

확장

생존의 리듬, 관계 맺는 씨앗들

씨앗은 땅에 떨어진 작은 알갱이로 머물지 않는다. 그 속에는 언제나 다른 생명과 연결될 수 있는 설계도가 새겨져 있다. 바람·물·동물·곤충·균류—모두가 씨앗의 길을 이어주는 매개자다. **씨앗은 홀로 존재하지 않고, 타자의 몸과 습성, 이동과 생활의 리듬을 빌려 자기 여정을 완성한다.**

숲의 농부, 멧돼지

멧돼지는 숲속의 특별한 농부다. 강력한 주둥이가 땅을 파헤칠 때 낙엽층은 뒤집히고, 흙 속 깊이 잠들어 있던 씨앗은 빛과 공기를 만난다. 여름이면 머루·산딸기·오디 같은 과즙 많은 열매를 먹고, 씨앗을 소화관에 싣는다. 껍질이 살짝 연마된 씨앗은 배설물 속의 질소와 인, 칼륨을 거름 삼아 새로운 터전에서 싹을 틔운다. 멧돼지가 한곳에 남긴 배설물은 작은 묘목 숲이 되기도 한다. 하루 2~10킬로미터를 이동하는 그의 발걸음은 씨앗과 비옥한 흙을 실어 나르며, 숲속에 보이지 않는 농로를 이어 간다. 우리가 경계 속에서 바라보아도 그는 언제나 다음 숲을 가꾸는 동반자다.

관계를 입은 씨앗

씨앗이 관계를 입는다는 것은 타자의 삶을 통과하며 자기 길을 완성한다는 뜻이다. 어치가 묻어 둔 도토리는 잊힌 채 발아하고, 다람쥐의 저장고는 숲의 묘목장이 된다. 곤충의 몸에 묻은 꽃가루는 다른 꽃에 닿아 새로운 약속을 맺고, 뿌리는 미코라이자 균류와 얽혀 나무와 나무를 하나의 몸으로 이어 낸다. 씨앗은 언제나 관계 속에서 확장된다.

숲이 들려 주는 박자

씨앗의 생존은 숲 전체의 느린 박자 속에서 이루어진다. 철새의 계절 이동, 장마철 불어난 물길에 실려 내려가는 버드나무 씨앗, 겨울이 지나야 깨어나는 토양의 온도 변화—모든 주기가 모여 숲의 리듬을 만든다. 씨앗은 그 리듬을 읽고, 타자의 걸음을 빌려 자기 길을 연다.

침묵의 농사꾼

그의 발걸음이 지나간 자리
흙은 부드럽게 숨을 고르고
씨앗은 빛을 향해 얼굴을 든다.

우리가 두려움 속에 바라보아도
그는 묵묵히 다음 계절을 거두는 농부다.

어느 날 그 자리에서 묘목이 자라난다면
그건 멧돼지와 같은 농사꾼들이 남긴
보이지 않는 약속일 것이다.

🐗 멧돼지의 편지

산할아버지, 저는 숲을 걸으며 늘 흙을 뒤집습니다. 누군가는 그것을 파괴라 부르겠지만, 제겐 살아가기 위한 숨이자 습관이지요. 제 주둥이가 닿는 자리마다 낙엽층은 갈라지고, 땅속에 잠들어 있던 씨앗들이 햇빛을 스치며 몸을 바꿀 준비를 합니다.

제가 여름에 즐겨 먹는 것은 달콤한 열매들입니다. 오디·머루·산딸기. 그 즙은 제 힘이 되고, 씨앗들은 제 몸을 지나 새로운 땅에 놓입니다. 껍질은 위와 장을 지나며 살짝 부드러워지고, 배설물 속 질소와 인, 칼륨은 그들에게 작은 보자기가 되어 줍니다. 저는 그것을 알지 못하지만, 다음 계절에 그 자리에서 묘목이 자라나는 걸 보면 알게 되지요.

사람들은 저를 두려워합니다. 밭을 망치고, 길을 어지럽히는 몸짓만 보니까요. 하지만 숲은 다르게 알고 있을 겁니다. 제 발자국은 씨앗의 발자국이고, 제 배설은 숲의 약속이지요. 저는 묻고 싶습니다. 산할아버지, 저 같은 존재도 숲의 씨앗이라 부를 수 있나요? 저는 단단한 껍질이 없지만, 제 몸을 통해 많은 씨앗이 옮겨 가고, 새로운 숲의 길이 열립니다. 저는 단순한 동물일까요, 아니면 걷는 씨앗일까요? 멧돼지 올림

▲ **산할아버지의 답장**

사랑하는 숲의 농부 멧돼지야, 네 편지를 읽으며 마음이 따뜻해졌단다. 사람들은 네 일을 파괴라 여기지만, 숲은 오래전부터 너를 경운꾼이라 불러왔지. 네 주둥이가 흙을 뒤집을 때, 토양은 환기되고 곰팡이 포자와 작은 곤충이 흩어지며, 잠자던 씨앗은 새로운 조건을 만난다. 그것은 숲이 불어넣는 재생의 입김이란다.

생물의 눈으로 보자면, 네 몸은 하나의 이동 통로인 셈이야. 씨앗은 네 소화관을 지나며 껍질이 연화되고, 발아율은 높아진

단다. 네 배설물은 찌꺼기에 머무르지 않고, 풍부한 비료가 되어 씨앗을 비옥한 자리에 심어 주지. 네가 모아 두는 배설 장소는 작은 묘목 밭이 돼.

생태의 시선에서 보자면, 너는 숲의 지도를 다시 쓰는 존재란다. 네 발길이 닿는 먼 거리의 궤적은 곧 씨앗의 궤적이고, 네가 남긴 흔적은 숲의 경계를 바꾸는 붓질이지. 사람들은 울타리 안의 피해만 보지만, 숲은 네 길 위에서 새로운 숲을 키운단다.

철학의 자리에서 보자면, 네 존재는 씨앗 그 자체란다. 씨앗이 껍질이라는 옷을 입듯, 너는 몸이라는 껍질을 입은 채 숲을 옮기지. 너는 네 의도를 알지 못할지라도, 숲은 네 몸을 빌려 더 많은 생명을 길러 낸단다. 그러니 너도 살아 있는 씨앗이다. 관계라는 껍질을 입은, 걷는 씨앗이지.

멧돼지야, 네가 숲에 남긴 자취는 약속의 발자국이란다. 어느 날 네가 지나간 자리에서 묘목이 자라날 때, 숲은 이렇게 말할 테지. "이 아이는 멧돼지가 심은 나무야."

그러니 두려워하지 말아라. 너의 삶은 이미 숲의 문장 속에 쓰여 있단다. 　　　　　　　늘 숲의 리듬을 지켜보는
　　　　　　　　　　　　　　　　　　산할아버지가

임시 거주
스몰하우징의 철학

숲에 존재하는 집은 크지 않다. 그리고 오래 남지 않는다. 나뭇잎 속, 나무 구멍, 바위 그늘…. 그곳에 있는 집은 순간을 품고, 떠날 준비가 된 채로 존재한다. **숲의 건축은 언제나 머무름보다 흐름을 택한다.**

그 가운데서도 가장 특별한 건축가 중 하나는 때죽납작진딧물이다. 그들은 직접 재료를 나르지 않는다. 대신 나뭇잎에 아주 가느다란 바늘 같은 입을 찔러 미묘한 화학 신호를 흘려보낸다. 그 신호는 잎 세포를 흔들어 깨우고, 세포들은 마치 오래된 기억을 꺼내듯 갑자기 부풀어 오른다. 표면은 말려 들어가 닫히며, 단단하고 비밀스러운 작은 방—충영이 탄생한다. 그 안에서는 알과 유충이 완벽히 차단된 채로 자란다. 자기 힘으로 지은 집이 아니라, 타자의 몸을 빌려 완성된 집. 그래서 숲은 이 작은 방을 또 하나의 씨앗이라 부른다. 씨앗이 자기 껍질을 만드는 것처럼, 진딧물은 나무를 설득해 씨앗 같은 껍질을 빚어낸다.

나방이 말아 지은 잎집은 애벌레 한 세대가 자라는 동안만 견디면 되고, 진딧물의 충영은 여름 한철이면 충분하다. 박쥐가 빌려 쓰는 썩은 나무의 구멍은 계절마다 주인이 바뀌고, 오목눈이의 둥지는 새끼가 날아오르면 곧 비워진다. 그러나 바로 그 임시성이 숲의 힘이 된다. 버려진 잎집은 다른 곤충의 피난처가 되고, 빈 둥지는 이끼와 균류의 서식지가 된다. 시간이 지나면 이 집들은 바람과 비에 깎여 흙으로 돌아가 씨앗을 감싸는 베개가 된다.

숲은 이렇게 떠나는 집들로 이어지고, 흘러가는 집들로 지탱된다. 나는 그 집들을 바라보며 자주 묻는다. '집이란 무엇인가?' 인간은 떠나지 못할 구조를 짓고, 삶보다 오래 남는 집에 스스로를 가둔다. 그러나 숲은 이렇게 말하는 듯하다. '우리는 떠나기 위해 지었다. 집이란 흐름 안에서만 살아 있는 구조다. 관계는 머물지 않고 움직이며, 생명은 그것을 따라 사라진다.' 숲의 모든 집은 스몰하우징이다. 작지만 충분하고, 임시지만 완전하며, 떠나지만 오래 기억되는 집. 집은 머무름의 증거물로 완성하지 않는다. 집은 흐름 속에서 남기는 흔적이다. 살아 있는 것은 떠날 수 있을 때 오히려 더 오래 남는다.

🐛 때죽납작진딧물의 편지

산할아버지께. 저는 작고 보잘것없는 몸이지만, 오늘은 용기 내어 편지를 드려요. 나뭇잎에 작은 신호를 흘려보내, 그 잎이 저를 위해 작은 집을 짓도록 부탁했습니다. 제 힘으로 벽돌을 쌓거나, 지붕을 올리진 못하지만, 나무는 제 목소리에 귀를 기울여 단단하고도 따뜻한 방 하나를 지어 주었지요.

이 집은 오래 남지 않을 거예요. 여름 한철이면 빛이 바뀌고, 잎은 마르며, 곧 흙으로 돌아갈 테니까요. 하지만 그 짧은 시간 동안 저는 안전히 자라고, 다시 흩어져 또 다른 삶을 이어 갈 수 있습니다. 집들이에 오셔서 제 작은 방을 꼭 보아 주세요. 크지는 않지만 충분히 저를 감싸고, 임시지만 완전하며, 떠날 준비 속에서 빛나는 집이랍니다. 이것이 제가 숲속에서 마련한, 작은 집 '스몰하우징'입니다.

작은 몸으로 드리는 초대와 함께, 때죽납작진딧물이 올림

🔺 산할아버지의 답장

작은 건축가 진딧물에게. 네 편지를 읽으며 나는 미소 지었단다. 너의 집은 작고 짧지만, 그 안에 숲의 철학이 오롯이 담겨 있구나.

생물의 눈으로 보자면, 네가 만든 충영은 단순한 혹을 넘어 정교한 방이란다. 나무 세포들이 네 신호를 따라 부풀고 말려 들어가, 완벽한 쉼터가 되지. 그 안에서 너는 알을 지키고, 유충을 키우며, 한 계절을 안전히 보낸다.

생태의 시선으로 보면, 그 작은 집은 네 울타리에 머무르지 않고 곤충들의 피난처가 되고, 떠난 뒤엔 이끼와 균류의 서식지가 된단다. 시간이 흐르면 토양으로 돌아가 씨앗을 감싸는 흙의 베개가 되지. 네가 만든 집 하나가 숲 전체의 집으로 확장되는 것이다.

철학의 자리에서 바라보면, 네 집은 우리에게 이렇게 속삭인다. "집이란 흐름 속에서 완성되는 흔적이다." 인간은 삶보다 오래 남는 집에 자신을 가두지만, 숲은 떠날 수 있을 때 더 오래 남는단다. 네가 보여 준 집은 바로 그런 진실을 말해주지.

드디어 오늘 네 집들이에 다녀왔단다. 한 손에는 너에게서 배운 따뜻한 마음을, 다른 손에는 나무가 남겨 준 작은 벌레집 하나를 들고 돌아왔지. 그 안에는 네가 지은 철학이 고스란히 담겨 있었다.

작지만 충분한 너의 집을 축복하며

산할아버지가

흐름

사례로 읽는 숲의 임시 건축술

숲의 스몰하우징은 작고 가볍고, 떠날 준비가 된 집이다. 곤충·새·포유류·미생물까지—모두가 자신에게 맞는 임시 건축을 발명한다.

장수풍뎅이 유충 — 썩은 나무 속 이동식 주거지

썩은 나무 속에 작은 길을 파며 산다. 필요할 만큼만 갉아 넓히고, 성장이 끝나면 다음 공간으로 이동한다. 집은 계절을 따라 덧입고 벗으며, 흐름 속에서 완성되어 가는 과정이다.

붉은머리오목눈이 — 털과 실로 엮은 계절 둥지

겨울을 앞두고 털·나뭇조각·거미줄을 모아 정교한 컵 모양의 둥지를 짓는다. 계절이 지나면 다시 새로운 둥지를

붉은머리오목눈이
초록 잎사귀가 무성할 때에는 둥지의 위치조차 찾기 어렵다.

만든다. 바람과 햇살, 은폐 조건이 치밀하게 계산된 단기 거처다.

개미 — 계절 가변형 씨앗 저장고

개미는 씨앗을 땅속 깊이 저장하고, 계절에 따라 통로를 확장하거나 닫는다. 저장고는 때로는 창고가 되고, 때로는 발아실이 된다. 개미의 집은 늘 변형과 재설계를 품고 있다.

박쥐 — 텅 빈 나무 구멍, 공공 임대주택

박쥐는 동굴뿐 아니라 썩은 나무 구멍, 지붕 틈, 벽돌 사이도 거처로 삼는다. 집의 기준은 형태가 아니라 조건이다. 온도·어둠·고요·습도의 합이 곧 집의 설계다.

진딧물 충영 — 타자의 몸으로 지은 씨앗 같은 방

때죽납작진딧물은 나뭇잎에 화학 신호를 흘려보내고, 잎 세포는 부풀어 작은 방을 만든다. 내부는 알과 유충을 위한 보육실이 된다. 이 건축은 자기 몸이 아닌 타자의 몸을 빌려 완성된다. 관계가 곧 건축술이다.

벌 — 떠날 줄 아는 공동체의 육각 궁전

벌은 밀랍으로 육각 방을 차곡차곡 쌓아 궁전을 만든

다. 군체가 다른 곳으로 이동하면 그 집은 빈자리로 남는다. 비워진 벌집은 다른 생명에게 그늘을 내주고, 시간이 지나면 비와 바람에 닳아 흙으로 돌아간다. 이 집은 남김과 이어짐을 동시에 품는다.

자연이 말하는 것

- 구조는 조건에서 태어난다. 빛과 수분, 토양과 바람이 달라지면 나무의 줄기·가지·잎이 변하듯, 집도 환경과 맥락에 따라 계속 변한다.

- 집은 자유를 품을 때 완전하다. 씨앗이 껍질을 열어 나무가 되듯, 집도 이동과 여백의 가능성을 가질 때 생명을 길러 낸다.

- 흔적은 오래 남아 다음 생을 부른다. 바람에 흘린 씨앗, 불이 남긴 재, 강물에 둥글린 돌—사라진 자리마다 기록이 남고, 그 기록이 다음 숲의 씨앗이 된다. 작지만 완전하고, 짧지만 충분하며, 때가 오면 비워지는 집—숲의 임시 건축술은 흐름 속에서 완성된다. 어떤 집들은 자기 몸을 넘어 타자의 몸에서 지어지고, 떠난 자리는 새로운 생명을 초대하는 문이 된다.

🐦 붉은머리오목눈이의 편지

산할아버지, 저는 숲의 작은 건축가예요. 붉은 이마와 검은 눈테를 가진 몸으로, 겨울이 오기 전이면 늘 바빠져요. 풀잎 끝의 거미줄을 모으고, 이끼와 동물의 털을 물어 나르고, 마른 잎 조각을 겹겹이 쌓아 작은 컵 모양 둥지를 만들지요. 둥지는 제 몸보다 크지 않지만, 제 새끼들이 안전히 자라기에 충분합니다. 하지만 저의 집은 오래 남지 않아요. 한 계절이 지나면 바람에 해지고, 비에 젖고, 결국 흙으로 돌아갑니다. 그래서 저는 매해 새 둥지를 다시 지어야 합니다. 저는 가끔 궁금해요. 왜 숲의 집들은 다들 이렇게 작고 임시적일까요? 혹시 할아버지가 다른 친구들의 집 이야기도 들려주실 수 있나요?

붉은머리오목눈이 올림

🔺 산할아버지의 답장

사랑스러운 붉은머리오목눈이야, 네 편지를 읽으며 미소 지었다. 네가 지은 작은 컵 모양의 집은 작지만 정교했고, 무엇보다 떠날 준비가 되어 있구나. 숲은 그런 집들로 완성된단다.

생물의 눈으로 보자꾸나. 장수풍뎅이 유충은 썩은 나무 속을 갉으며 길을 파서 '이동식 주거지'를 만든다. 집은 성장의 흐름을 따라 끊임없이 새로 지어지는 통로지. 개미는 씨앗을 모아 계절별로 창고를 확장하거나 닫는다. 저장고가 곧 발아실이 되기도 하지. 박쥐는 오래된 나무 구멍이나 집 지붕 틈을 빌려 쓰는데, 그에게 집은 형태가 아니라 온도와 고요, 어둠과 습도라는 '조건'이란다. 때죽납작진딧물은 자기 힘으로 짓지 않고, 나무의 몸을 설득해 충영을 만들어 낸다. 타자의 생리와 시간을 빌려 짓는 씨앗 같은 방이지. 벌은 밀랍으로 육각 궁전을 지어 올리지만, 군체가 떠나면 그 집은 비워지고 다른 생명의 그늘이 된다. 집은 떠나면서도 이어지는 문장을 남긴다.

생태의 눈으로 보면, 이 집들은 하나같이 잠시 머물다 떠나는 것이지만 바로 그 임시성이 힘이 된다. 버려진 집은 다른 이들의 피난처가 되고, 시간이 흐르면 흙으로 돌아가 씨앗의 베개가 된다. 숲의 모든 집은 떠나는 순간 완성된다.

철학의 시선으로 말하자면, 숲의 건축술은 늘 스몰하우징이다. 작지만 충분하고, 짧지만 완전하며, 비워질 때 가장 아름답다. 인간은 삶보다 오래 남는 집에 자신을 가두려 하지만, 숲은 떠날 수 있을 때 더 오래 기억된다.

붉은머리오목눈이야, 네가 매해 새 둥지를 짓는 일은 숲이 가르쳐 준 삶의 방식, 떠날 줄 알기에 계속 이어지는 지혜란다. 오늘 네 작은 둥지를 찾아가 보았다. 붉은 잎사귀 사이 깊숙한 곳, 그곳은 눈으로는 잘 보이지 않지만, 마음으론 선명하게 느껴졌다. 나는 집으로 돌아오는 길에 한 손에는 네가 남긴 따뜻한 마음을, 다른 손에는 바람에 부서져 흙으로 돌아가던 낡은 벌집 조각 하나를 들고 왔다. 숲의 집들이란 언제나 그렇게 흘러가면서도 남는 것이지.

늘 네 집을 축복하며

산할아버지가

떠남
씨앗을 닮은 집

장미색들명나방의 애벌레가 만든 쪽동백나뭇잎 속에는 한때 알이 하나 숨어 있었다.

어미 나방이 잎의 표면에 낳은 그 알은, 부화 후 애벌레가 잎 속으로 파고들며 자신을 위한 보호의 공간을 완성한다. 그 모습은 씨앗이 자방의 태좌에 걸린 풍경을 닮았다.

밖에서는 전혀 보이지 않지만, 안에서는 온도·습도·안정성이 유지되며 애벌레는 그 안에서 천천히 성장한다. 이 잎 말기 구조에는 씨앗과 닮은 점이 많다. 씨앗이 껍질과 내피로 배아를 감싸듯, 애벌레는 잎과 실로 자기 몸을 감싼다. 씨앗이 조건이 맞을 때 껍질을 여는 것처럼, 애벌레도 탈피를 통해 성충이 되는 순간 그 집을 벗어난다.

차이도 있다. 씨앗은 자기 몸으로 스스로 자리를 만든다. 반면 나방은 식물의 잎을 빌려 완성한다. 그렇게 만들어진

장미색들명나방
숲은 거대한 숲집이자, 작은 생명에게는 스몰하우징의 도시다.

집은 '씨앗처럼 작동하는 공간'이 된다. 자기 몸으로 만든 것이 아니어도, 씨앗과 똑같이 숨기고, 보호하고, 기다리는 기능을 한다.

나는 이 잎을 볼 때마다 경외감을 느낀다. 그 안에는 단순한 생존 이상의 질서가 있다. 보호와 기다림이 균형을 이루고, 실용과 미학이 하나로 맞물린 살아 있는 디자인이다. 숲은 거대한 집이자, 작은 생명에게는 스몰하우징의 도시다. 그리고 가장 놀라운 점은, 이 집이 머무름보다 떠남을 전제로 설계되었다는 사실이다.

애벌레가 번데기가 되고 성충이 되면 잎은 곧 버려지고 천천히 썩어 토양으로 돌아간다. 존재의 이유는 내어줌 속에 있다. 존재의 이유는 흘려보냄 속에 있다. 그래서 나는 쪽동백나무에 매달린 이 말린 잎들을 바라볼 때마다 속으로 되된다. '이건 씨앗이라 부를 수 없지만, 씨앗을 닮으려 한 집이다.'

생명은 종종 스스로의 형태를 벗어나 다른 존재의 방식을 흉내 낸다. 그 이유는 하나, 다음 세대를 안전하게 건네주기 위해서다. 그 조건이 충족된다면, 나방의 집 또한 숲속에서 씨앗의 역할을 한다.

🍃 상수의 편지

산할아버지께. 숲에서 '씨앗을 닮은 집들'을 보았어요. 껍질 대신 관계로 지어진 집들이었지요. 쪽동백 잎을 실로 꿰맨 작은 원통 안에, 장미색들명나방의 알이 한 알 달려 있었어요. 겉에서는 아무것도 보이지 않는데요. 속은 조용하고 따뜻하고 촉촉했지요. 저는 그걸 보며 생각했어요. '저건 씨앗이 되고 싶었던 공간이구나.'

때죽나뭇잎에서는 진딧물이 나뭇잎을 설득해 조그만 방(충영)을 만들어 두었고, 빈 나무 구멍에서는 저녁마다 박쥐가 이사 나가요. 벌은 완벽한 육각형을 쌓아 올리지만, 군체가 떠나면 그 집을 비워 다음 손님에게 남겨 둡니다. 모두가 떠날 준비가 끝난 집이었어요.

그 집들을 보며 저는 세 가지를 배웠어요. 첫째, 집은 모양보다 조건이에요. 온기·어둠·고요·습도—그 네가지가 맞으면 잎 한 장도 집이 되더군요. 둘째, 머무를 땐 단단히, 떠날 땐 망설임 없이. 그래서 그 집들은 보살핌의 흔적과 떠남의 결심이 함께 있었습니다. 셋째, 흔적이 집보다 오래 산다는 것. 꿰맨 봉합선, 빈 벌집, 도토리 껍질—그 자리들이 새 손님을 데려오고, 흙은 그 흔적을 오래 기억하더군요.

그래서 제 껍질도 다시 보았어요. 이것도 임시 집이구나. 때가 오면 망설임 없이 열어야 누군가의 그늘이 되고, 빈 속은 새들의 집이 되고, 떨어진 잎은 다음 씨앗의 이불이 되는구나. 저는 자라서 이런 흔적을 남기고 싶어요. 여름엔 옅은 그늘을, 비 오는 날엔 고요한 빗물길을. 가을엔 도토리로 세금을, 겨울엔 낙엽 이불을. 늙어 속이 비면 작은 구멍 방 한 칸을—부엉이와 벌레, 이끼에게.

할아버지, 내일 숲을 걸으실 때 작은 집 세 곳만 찾아보세요. 꿰맨 잎·충영·빈 벌집 중 하나라도요. 그 앞에서 잠시 서면 알게 되실 거예요. **집은 관계와 나눔을 통해 드러나는 삶의 그릇이라는 걸. 떠날 수 있을 때 더 잘 머물고, 비울 수 있을 때 더 넉넉해진다는 걸요.** 저는 오늘도 제 집을 잘 지키되, 떠날 연습을 합니다. 그래야 제 흔적이 누군가의 첫 집이 될 테니까요.

상수 올림

▲ 산할아버지의 답장

사랑하는 상수야, 네가 숲에서 본 '씨앗을 닮은 집들' 이야기를 읽으며 나는 무척 기뻤단다. 작은 눈으로도 숲의 집들이 품은 진리를 이렇게 또렷이 알아본 것이 놀랍고도 흐뭇하다.

먼저, 생물의 눈으로 보자꾸나. 장미색들명나방이 잎을 꿰매 만든 집은 애벌레 하나가 성충으로 변신하기까지의 보육실이요,

때죽납작진딧물이 만들어 낸 충영은 나무의 세포를 설득해 지은 또 하나의 씨앗이란다. 벌이 쌓아 올린 육각의 방은 효율의 수학이자 꿀과 애벌레의 궁전이지. 그 모든 집은 짧지만 충분히 생명을 키워 내는 정밀한 장치란다.

다음은 생태의 눈이다. 숲의 집들은 오래 남지 않는단다. 잎집은 다른 곤충의 피난처로 이어지고, 빈 벌집은 또 다른 생명의 그늘이 되지. 썩은 나무 구멍은 박쥐가 쓰다 비우면 새가 차지하고, 시간이 지나면 흙으로 돌아가 씨앗의 베개가 돼. 떠난 집은 숲이 다시 쓰는 시작의 무대란다. 숲의 건축술은 언제나 머무름보다 흐름을 택하지.

마지막으로 철학의 눈에서 보자. 우리는 흔히 집을 소유의 증거로 여기지만, 숲은 이렇게 속삭인다. "집은 떠날 수 있을 때 완성된다. 흔적이 남아 다른 생명을 불러올 때 비로소 진짜 집이 된다." 씨앗의 껍질도 그렇지 않니? 존재의 가치는 열어 주고 내어 주는 데서 완성된단다.

상수야, 네가 말한 대로 네 껍질 또한 임시 집이지. 언젠가 열리고 비워지면 그 흔적이 새 생명의 그늘이 되고, 또 다른 출발점이 된단다. 그러니 두려워하지 말아라. **집은 흔적으로 이어지는 삶의 기록이고, 살아 있는 것은 떠남의 자유 속에서 더 오래 머문단다.**　　　　늘 숲의 작은 집들에게서 배우며

너의 산할아버지가

흔적
씨앗이 남긴 초대장

씨앗은 머물다 떠난다. 그러나 그 자리에 빈 공간이 남는다. 그 공간은 누군가를 불러들이는 문이 된다. 비워진 흔적은 곧 새로운 시작의 예고다.

씨앗이 남긴 생물학적 유산

도토리 껍질을 쪼개 보면, 안쪽에는 여전히 단백질과 칼슘이 남아 있다. 껍질은 천천히 분해되어 토양 속 세균과 균류의 밥상이 된다. 배유가 다 쓰이고 난 자리에도 녹말과 지방의 미세한 흔적이 남아, 토양 곰팡이가 증식할 발판이 된다. **씨앗은 발아로 끝나지 않는다. 마지막 흔적까지 분해와 환원의 무대가 된다.**

씨앗이 남긴 생태학적 흔적

씨앗을 감싸던 과육은 동물의 혀와 이빨을 지나며 이동을 가능하게 했다. 남겨진 껍질과 배설물은 새로운 토양 주머니가 된다. 도토리를 갉아 먹고 간 자리의 껍질 조각은 개미집의 벽이 되고, 작은 달팽이에게는 비바람을 피하는 지붕이 된다. 낙엽 사이 움푹 팬 흔적은 빗물을 모아 작은 웅덩이가 되고, 하루살이와 모기의 산란처가 된다. **씨앗의 흔적은 서식지가 되고, 서식지는 또 다른 생명의 순서를 잇는다.**

씨앗이 남긴 철학적 초대

사랑하는 이들이 떠나도 그 자취가 오래 마음에 남듯, 씨앗도 사라진 자리에서 말 없는 초대장을 남긴다. 씨앗의 흔적은 우리에게 묻는다. '무엇을 남기고 떠날 것인가?' 흔적은 다음 세대가 뿌리내릴 여백이다. 존재가 자리를 비워 주어야 또 다른 존재가 들어올 수 있다. **떠나는 법을 배운 생명만이 다른 생명의 시작을 도울 수 있다.**

숲의 초대장들

숲을 걷다 보면 이 초대장을 쉽게 만날 수 있다. 반쯤 열린 도토리 껍질, 새가 물고 가다 흘린 열매 조각, 벌들이 떠난 빈 벌집, 바람에 흩어진 풀씨의 깃털…. 모두가 속삭인다. "여기 비워진 자리가 있으니, 이제 네가 들어와라."
숲은 이렇게 비워진 자리를 통해 끊임없이 이어진다.

흔적은 이어짐의 문법

사라짐은 곧 이어짐의 다른 얼굴이다. 흙 속 씨앗 껍질이 부드럽게 썩어 가는 동안, 그 자리는 다음 세대의 인큐베이터가 된다. 씨앗의 빈자리는 토양의 여백이 되고, 토양의 여백은 싹의 출구가 된다. 흔적은 형태를 바꾸어 지속되는 생명의 언어다. 그래서 우리는 알게 된다. 씨앗이 남긴 흔적 하나하나가 숲의 초대장임을. 우리가 떠난 자리에도 우리의 온기와 자취는 남아, 언젠가 다른 생명이 그 길을 지나가게 만들 것임을. 초대장들은 서로 겹치고 이어져, 마침내 숲처럼 풍성한 세계를 완성한다.

🌿 **상수의 편지**

산할아버지, 숲을 걷다 빈집들을 만났어요. 처음엔 끝난 이야기 같았는데, 잠시 서 있으니 알겠더군요. 그 자리들은 여전히 누군가를 부르고 있었어요. 비가 스미고, 곰팡이가 얇게 번지고, 개미가 길을 잇는 동안 그곳은 다음 생을 위한 초대장이 되었어요. 저도 언젠가 떠날 거예요. 그래서 오늘 네 가지 흔적을 마음에 새겨 두려 합니다.

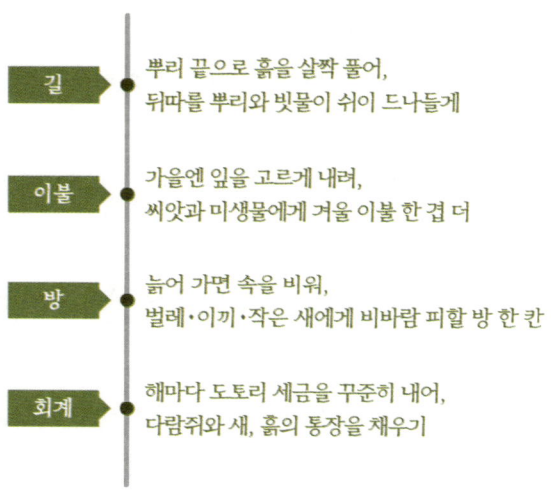

길	뿌리 끝으로 흙을 살짝 풀어, 뒷마를 뿌리와 빗물이 쉬이 드나들게
이불	가을엔 잎을 고르게 내려, 씨앗과 미생물에게 겨울 이불 한 겹 더
방	늙어 가면 속을 비워, 벌레·이끼·작은 새에게 비바람 피할 방 한 칸
회계	해마다 도토리 세금을 꾸준히 내어, 다람쥐와 새, 흙의 통장을 채우기

오늘 배운 건 이것이에요. 흔적은 이어짐을 위한 준비라는 것. 씨앗이 떠난 자리의 작은 움푹이 새싹의 발아점이 되듯, 우리가 비우는 모양이 누군가의 시작이 된다는 것을 알았어요. 그래서 저는 깨끗이 머물고, 단호히 떠나는 법을 연습하려 합니다. 머무는 동안엔 그늘과 당을 아낌없이 내어 주고, 떠날 땐 집착을 남기지 않는 것. 그게 제가 할 수 있는 가장 조용한 건축이지요.

상수 올림

🔺 산할아버지의 답장

사랑하는 상수야, 네가 빈 껍질과 빈집에서 초대장을 읽어 낸 걸 보고 참 기뻤단다. 너는 이제 **생명이 남기는 흔적이 끝맺음을 넘어 다음 세대를 위한 준비라는 것**을 알게 되었구나.

언어로 말하자면, 도토리 껍질은 단백질과 무기질을 천천히 내어 주고, 곰팡이와 세균은 그것을 토양유기물로 바꾼다. 씨앗의 흔적은 분해되는 동시에 새로운 생명을 지탱하는 영양분이 되지. 생태학의 눈으로 보면, 흔적은 곧 서식지다. 벌이 떠난 빈 벌집은 다른 곤충의 집이 되고, 낙엽의 움푹 팬 자리에는 빗물이 고여 작은 생태계를 이룬단다. 씨앗의 흔적 하나가 숲 전체의 관계망 속에서 다시 쓰여. 철학의 자리에서 말하자면, 흔적은 사라짐의 그림자를 넘어, 남김의 또 다른 얼굴이란다. 우리는 흔적을 통해 떠난 존재와 계속 이어져. 떠나는 법을 배운 생명만이 새로운 생명을 맞이할 수 있단다.

얘야, 기억하거라. 네 뿌리 하나, 네 잎사귀 하나도 언젠가 누군가의 초대장이 된다. 네가 비워 놓은 자리가 곧 누군가의 시작이 될 테니까. 흔적은 관계로 이어지는 또 다른 형식이란다.

너를 늘 지켜보는

산할아버지가

경계와 자각
숲에서 타자가 된다는 감각

숲의 경계를 처음 자각한 날, 나는 사람 발길이 뜸한 좁은 길을 걷고 있었다. 오랜만에 찾은 고요였다. 바람은 잦아들고, 햇빛은 숲의 높은 천장을 뚫어 바닥까지 부드럽게 흘러내리고 있었다. 그 순간, 나무 위에서 요란한 소리가 울렸다. 어치[28]였다. 유난히 크고 날카로운, 금속을 긁는 듯한

---

[28] 까마귓과에 속하는 어치는 작은 몸에도 불구하고 영장류에 비견되는 뇌의 비율을 가진 새다.

저장 기억력: 가을에 수천 개의 도토리를 저장해 두고, 계절이 지난 뒤에도 정확히 찾아낸다. 이는 해마(hippocampus)가 발달한 덕분이며, 공간적 지도를 머릿속에 그릴 수 있다는 증거다.

사회적 지능: 먹이를 저장할 때 다른 개체가 보고 있으면 일부러 거짓 동작을 하거나 장소를 바꾸기도 한다. 이는 어치가 타인의 시선을 의식하고, 의도를 추정할 수 있다는 '마음 이론(Theory of Mind)'을 가지고 있다는 단서다.

언어적 소통: 단순 경고음을 넘어서, 상황에 따라 다양한 울음을 내며, 심지어 다른 동물의 소리를 흉내 낸다. 이는 숲속에서 실시간으로 맥락을 전달하는 언어다.

어치의 두뇌를 바라보면, '인간만이 사고하고 기억하며 사회적 판단을 한다'는 오만은 무너진다. 숲의 작은 새조차, 우리와 비슷한 두뇌 리듬으로 살아간다.

경계음. 숲의 공기가 단숨에 긴장으로 바뀌었다.

숲의 언어로 들은 울음

처음 듣는 사람은 그 소리를 단순한 인사나 잡음으로 여길 수도 있다. 하지만 숲의 언어로 번역하면 그것은 분명한 선언이었다. "이방인이 왔다. 두 발 달린 존재가 접근했다. 씨앗과 둥지, 새끼와 숨은 것들을 지켜라." 그 소리는 숲 전체를 깨우는 울림이었다. 숲은 단번에 경계 모드로 들어섰다. 그 순간 나는 내가 숲의 외부자라는 사실을 또렷하게 자각했다.

타자가 된다는 감각

나는 속으로 대답했다. '그래, 맞아. 나는 지금 너희의 집에 들어와 있다. 하지만 해치지 않고, 가볍게 흔적만 남기고 갈 것이다. 잠시만 허락해다오.' 걸음을 재촉했지만 발소리는 더 크게 느껴졌다. 어치는 가지를 옮겨 가며 여전히 경계음을 울렸다. 짧고 날카롭지만 끊어지지 않는 메아리였다. 내 발소리와 어치의 울음은 서로 다른 두 언어처럼 부딪히고 있었다.

그 순간 알았다. 나는 숲의 일부라기보다, 경계선 위에 선 존재였다. 나의 한 걸음이 숲의 리듬을 바꾸고 있었다.

철학적 자각

그 감각은 낯설었지만 동시에 귀중했다. 그 덕분에 숲은 더 이상 '내가 걷는 공간'이 아니었다. 그것은 누군가 살아가고 지키는 집이었다. 나무와 풀, 씨앗과 동물, 그 사이를 잇는 규칙과 흐름으로 얽힌 공동체였다. 그날 이후 나는 숲을 관찰하는 법과 함께, 숲이 나를 어떻게 바라보는가를 생각하기 시작했다. '씨앗을 보는 법'이 있다면, '경계받는 존재로 걷는 법'도 있다. 이제 어치의 울음은 새로운 의미로 다가온 소리였다. 그것은 숲의 초대장이자 문턱이다. 그 문턱을 넘을 때마다 나는 스스로에게 묻는다. '나는 지금, 이 숲의 언어 안에 어떤 존재로 남고 있는가?'

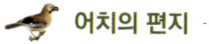 **어치의 편지**

나는 어치다. 숲 위에서 요란하게 울던 그 새를 기억하겠지? 두 발 달린 자들이 자꾸 들어오니, 아무리 산할아버지라도 내가 가만있을 수 없지.

내 울음은 괜히 큰 게 아니다. 숲을 지키는 신호다. 도토리? 나는 숲속 창고 주인이다. 수천 개를 묻고, 계절이 바뀌어도 기억한다. 누가 슬쩍 보려 하면 나는 거짓 동작으로 그를 헷갈리게

어치
숲속의 치안을 담당하는 경찰(police)이다.
이방인의 존재를 확인하면, 즉시 주변 주민들에게 주의 경고를 알린다.

만들 수도 있다. 그만큼 내 머리는 바쁘고, 숲은 치밀하다.

내 경계음은 뚜렷한 의미를 갖는 언어다. "이방인이 왔다. 조심하라." 숲 전체에 전파하는 공지다. 당신 귀에는 시끄럽게 들렸을지 몰라도, 그게 내 책임이다. 둥지·씨앗·새끼들, 그걸 누가 지켜 주겠나. 나는 괜히 의심도 많다. 남이 보는 눈, 남의 속내를 가늠해야 살아남는다. 그게 내 본능이고, 내 철학이다. 숲은 순진한 자를 오래 두지 않는다.

산할아버지, 당신이 그날 멈춰 섰을 때, 나는 당신의 발소리와 숨소리까지 다 기억했다. 당신도 느꼈겠지. '나는 손님이다.' 바로 그걸 깨닫게 하려고 내가 울었다.

경계와 거절은 다른 것이다. 경계 없는 숲은 금세 무너진다. 내가 내는 그 날카로운 울음이야말로 숲이 살아 있다는 증거다. 나는 내일도 울 거다. 들어올 때마다 귀가 따갑도록. 그래야 숲이 안전하다.

경계 위에서

어치

▲ 산할아버지의 답장

어치에게. 네 목소리를 들었을 때, 나는 한순간 움찔했단다. 너의 울음이 날카롭고 성가시게만 들렸다면, 나는 여전히 숲을 모르는 자였을 것이다. 하지만 곧 알았다. 숲 전체를 향한 의미의 신호였다는 것을. 네가 외친 그 경계음 덕분에 나는 내 발소리가 숲에 어떤 파문을 일으키는지 깨달았다.

  나는 길 위의 나그네이면서, 숲속 누군가의 집을 스쳐 지나가는 손님이었다. 씨앗이 발아하려는 자리, 둥지가 지켜지는 가지, 작은 곤충이 숨어 있는 낙엽—그 모든 것이 네 울음 속에서 나를 향해 말을 걸고 있었지. 나는 손님이었다. 그런데 손님이 주인의 눈치를 못 챘다면, 그건 큰 무례다. 네가 알려 주지 않았다면 나는 여전히 무심히 발을 들여놓았을 거야. 그래서 네 울음이 고맙고, 또 미안하다.

  어치야. 네가 쌓아 둔 도토리와 네가 지킨 둥지 위에 나의 그림자가 잠시 드리운 걸 나는 기억한다. 앞으로도 너의 경계음을 들으면, 나는 더욱 조심스레 걸을 거야. 너의 소리를 거슬림으로 듣지 않고, 숲의 문턱을 알리는 초대장으로 들으련다. 숲은 언제나 열린 듯 닫혀 있고, 닫힌 듯 열려 있지. 네 울음은 그 경계에 서 있는 이들을 깨워 준단다. 나 또한 그 울음을 배웠으니, 오늘의 나보다 내일의 내가 조금은 더 가벼운 발걸음으로 이곳을 지날 수 있으리라 믿는다. 너의 집 앞을 지날 때마다 마음속으로 작은 인사를 남기마. '허락해 주어 고맙다.'

               경계 위에서 나를 돌아보게 해 준 네 울음에 감사하며
                                      숲의 손님 산할아버지가

상수의 짧은 화답

산할아버지, 저는 어치의 울음이 처음엔 무섭게만 들렸어요. 하지만 오늘 알았어요. 그건 '나가라'라는 말이 아니라, '여긴 누군가의 집이야, 조심해'라는 인사였다는 걸요. 저도 언젠가 나무가 되어 누군가의 집이 되면, 그렇게 작은 울음으로라도 제자리를 알리고 싶어요. 그래서 어치의 목소리를 들을 때마다 속삭입니다. "알았어. 여긴 네 자리야. 조심히 지나갈게."

상수 올림

멈춤
살지 못한 씨앗들

느릅나무 아래를 지나던 어느 날, 수피 틈에 끼어 있는 작은 씨앗 하나를 보았다. 빛은 바래고 있었고, 껍질은 바싹 말라 있었다. 그 자리는 흙도, 물도, 발아에 필요한 조건도 갖추지 못한 곳이었지만, 씨앗은 여전히 그 틈 안에 깊숙이 머물러 있었다. 아마 바람에 실려 이곳까지 날아왔을 것이다. 비가 내리던 날, 빗물에 떠밀려 껍질 틈으로 스며들었을지도 모른다. 발아와 뿌리내림은 이루어지지 않았으나, 씨앗은 자리를 지킨 채 계절을 견디고 있었다.

나는 그 모습을 오래 바라보았다. 그 자리의 씨앗은 자라지 않았지만, 버려진 존재처럼 보이지 않았다. 멈춘 생명, 혹은 나무 몸에 새겨진 기억의 조각처럼 다가왔다. 살아남지 못했어도 그 순간 하나의 장면이 되었고, 그 장면은 나를 붙잡아 발걸음을 멈추게 했다.

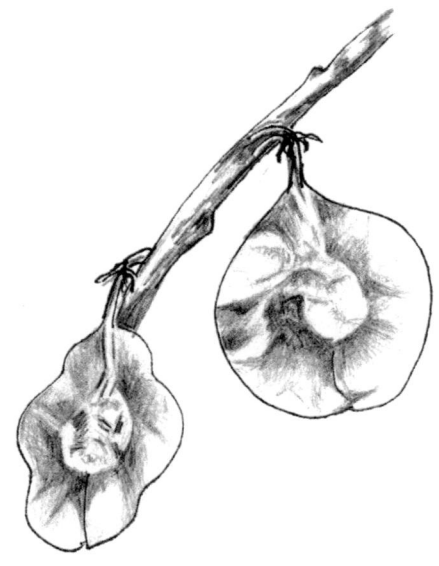

느릅나무 씨앗과 열매
비행할 수 있는 날개가 발달해 있다. 이런 종류의 열매를 시과라 한다.
시과의 특징은 씨앗의 빠른 확산이다. 기다림과 이동, 정착과 확산이 맞물려 있는,
씨앗의 여행을 가장 극적으로 보여 주는 형태라 할 수 있다.

이런 씨앗은 발아에 실패해도 흔적을 남긴다. 껍질 속 남은 영양분은 곰팡이와 세균의 먹이가 되고, 미생물 군집은 나무의 표피와 주변 토양을 조금씩 바꾸어 간다. 빗물에 씻겨 내려가면 다른 곳에서 다시 흙 속에 묻혀 발아 기회를 얻기도 한다. 멈춤은 다른 가능성을 기다리는 대기 상태일 수 있다. 나는 그 씨앗을 보며 속으로 물었다. '살지 못한 씨앗들은 정말 실패한 것일까?' 그들은 단지 다른 속도를 따라갔을 뿐이다. 이미 다른 생명의 경로 속에 스며들어 있었고, 내 마음속에서도 또 다른 이름으로 이어져 머무는 존재가 되었다.

그날 이후, 나는 숲에서 발아한 씨앗만 보지 않게 되었다. 살아 있는 나무만 주목하지도 않았다. 이제는 멈춘 자리, 자라지 못한 생명, 그러나 여전히 무언가를 남기고 있는 존재들을 더 오래 들여다보게 되었다. 그들은 나에게 이렇게 속삭이는 듯했다. "우리는 자라지 않았지만, 너의 기억 속에서 여전히 살아간다."

🌱 상수의 편지

산할아버지, 느릅나무 수피 틈의 씨앗 이야기를 읽었어요. 저는 한동안 말없이 서 있었어요. 살지 못했지만, 버려지지 않은 몸. 그 조용한 자리에 잠시 머물렀어요. 저는 알게 되었어요. **모든 씨앗이 나무로 자라지 않아도, 모든 씨앗은 자리를 남긴다**는 것을요.

누군가는 뿌리가 되어 숲을 밀어 올리고, 누군가는 영양이 되어 보이지 않는 쪽에서 숲을 받쳐 주었어요. 멈춘 씨앗은 실패라기보다, 다른 문을 열고 들어간 생명이었어요. 그래서 저는 다짐했어요. 제가 건강하게 자라 큰 나무가 되는 것이, 살아 내지 못한 씨앗들을 위한 가장 깊은 추모라는 것을요. 그들이 남긴 자리를 헛되이 하지 않기 위해 더 단단히 뿌리내리고, 더 넓게 그늘을 펼칠 거예요.

이제 길을 걸을 때 살아난 것만 세지 않으려 해요. 멈춘 것들도 함께 헤아려 보려고요. 그들 덕분에 흙이 부드러워지고, 이끼가 자라고, 개미와 균이 길을 냈다는 걸 숫자 대신 쉼표로 기록해 두고 싶어요.

산할아버지, **우리 모두 언젠가 멈춰요. 하지만 멈춤은 끝이 되지 않아요.** 그 자리는 곧 새로운 시작을 준비하는 여백이 되고, 멈춤이 남긴 흔적 속에서 다음 생과 새로운 문장이 자라날 거예요.

상수 올림

🔺 산할아버지의 답장

사랑하는 상수야, 네 편지를 읽고 내 마음도 한참 머물렀다. 멈춘 씨앗 앞에서 너는 이미 숲의 깊은 언어를 읽었구나.

생물학적으로 보자면, 살아나지 못한 씨앗도 헛되지 않단다. 그 속 영양분은 곰팡이와 세균의 밥이 되고, 그 미생물은 다시 뿌리와 흙을 살린다. 멈춘 씨앗은 단지 다른 길로 생명을 건넨 셈이지.

생태의 눈으로 보자면, 그 멈춤이 있어야 다양성이 유지된단다. 모두가 다 살아나면 숲은 과밀해지고 스스로 무너져. 어떤 씨앗은 길을 열고, 어떤 씨앗은 자리를 비우며, 또 다른 씨앗은 흙을 기름지게 한다. 숲은 그렇게 균형을 잡는단다.

철학적으로 말하자면, 멈춤은 결코 부정이 아니지. 그것은 또 다른 긍정의 모양이란다. 우리가 숨을 고르고 멈출 때, 새로운 길이 열리는 것처럼. 씨앗도 그렇게 멈춤으로써 숲의 다른 문장을 쓴단다.

네가 말했듯, 건강하게 자라 큰 나무가 되는 것, 그것이 곧 멈춘 씨앗들에게 바치는 기도다. 너의 뿌리 하나, 잎 하나가 그들의 목소리를 대신 이어 주는 거야.

기억해라. 얘야, **멈춤도 삶의 완성이고, 흔적도 또 다른 시작이다.** 　　　　　　　　　　　　　　　너의 산할아버지가

뿌리

보이지 않는 세계를 읽는 법

숲을 걸을 때 우리는 보이는 것만 본다. 나무의 키, 잎의 빛, 꽃의 색, 열매의 크기. 그러나 숲의 진짜 구조는 보이지 않는 데 서 있다. 땅속, 어둠, 흙의 심장. 씨앗이 나무가 된 뒤, 뿌리는 눈에 띄지 않는 방향으로 자란다. 그건 단순한 '뻗음'이라기보다는 '읽기'다. 세계를 읽는 일.

뿌리 끝, 작은 모자 같은 뿌리골무 안에서는 전분 알갱이(작은 무게 추)가 조용히 가라앉아 아래를 가리킨다. 그 신호를 받은 뿌리는 아래쪽 세포를 차분히 눌러 위쪽이 더 길어지게 하고, 그렇게 뿌리는 서서히 아래로 굽는다. 중력을 배우는 법이다. 그러나 뿌리는 중력만 읽지 않는다. 흙 속의 미세한 물길을 더듬어 물 있는 쪽으로 기울고(수분의 길), 양분의 냄새를 쫓아가며(화학의 길), 돌과 뿌리를 만나면 살짝 비켜 선다(촉감의 길). 그 모든 순간마다 뿌리 세포에는 칼슘의 깜박임과 미세한 전기의 물결이 지나가며 "여기서 서고, 저기로 돌아"라고 속삭인다.

눈도 귀도 없지만, 뿌리는 이온과 전기로 세계를 듣는다. 그리고 뿌리는 혼자가 아니다. 뿌리와 뿌리 사이로 균사의 실타래가 스며들어 지하의 그물망—숲의 넓은 웹—이 만들어진다. 이 지하의 인터넷을 통해 나무는 당을 보내고, 미네랄을 받고, 해충의 소식을 전하며, 그늘 속 어린나무에게 한 계절을 버틸 설탕을 살짝 쥐여 준다. 쓰러진 뿌리마저 곧장 사라지지 않는다. 그 안의 물과 탄소가 천천히 흘러나와 주변의 호흡을 오래오래 지탱한다.

이 보이지 않는 세계를 알고 난 뒤, 나는 숲을 다른 눈으로 보게 되었다. 여기 서 있는 모든 나무는 혼자 자란 적이 없었다. 뿌리는 토양을 붙잡는 장치를 넘어, 감각 기관이자 두뇌 없는 두뇌였다. 방향을 정하고, 길을 바꾸고, 관계를 잇는 자리였다. 씨앗이 남긴 관계는 세대를 건너 뿌리를 타고 흐른다. 인간 사회도 다르지 않다. 누군가의 가르침, 위로, 작은 도움이 눈앞에서 사라진 듯해도, 뿌리처럼 깊이 남아 언젠가 전혀 다른 삶에서 꽃을 피운다.

숲은 말한다. "사라져도, 너는 여전히 여기 있다. 네 뿌리가 닿았던 모든 곳에." 나는 안다. **보이지 않는 뿌리가 숲을 지탱하듯, 보이지 않는 관계가 세상을 지탱한다.** 그것이

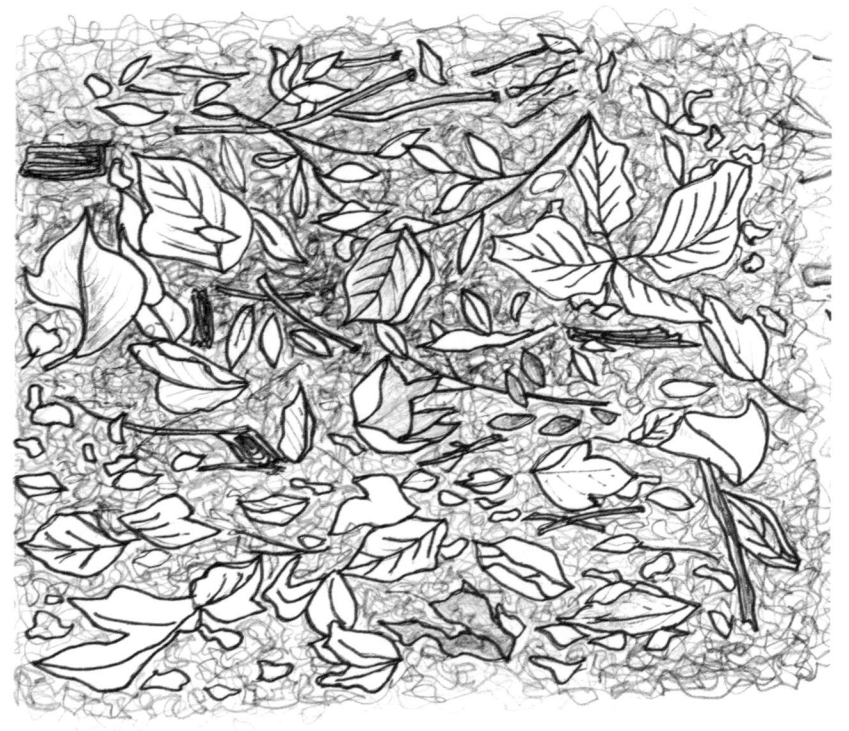

낙엽
잎의 죽음은 곧 토양의 저축이다. 탄소의 일부는 대기 속으로,
일부는 흙 속에 남아 숲의 순환을 지탱한다.

씨앗이 우리에게 남긴, 가장 오래된 진실이다.

🌱 상수의 편지

산할아버지, 이제는 알겠어요. 제 뿌리 끝에서 아주 조용한 돌맹이들이 아래를 가리키는 소리를 들어요. 물이 있는 쪽은 손끝이 촉촉해지고, 돌을 만나면 손바닥으로 살짝 밀어 다른 길을 내어 봅니다. 그때마다 제 몸속 어딘가에서 작은 번개가 번쩍이며 '여기!' 하고 불을 켜요.

오늘 저는 흙 속에서 누군가의 손을 잡았습니다. 가는 실 같은 선이 제 뿌리 살에 스며들어 제가 모은 달콤함을 조금 가져가고, 대신 깊은 데 있던 인과 질소를 건네주었지요. 우리가 악수한 자리에서, 저는 숲과 이어져 함께 살아간다는 걸 다시 배웁니다.

혹시 제가 먼저 사라져도 걱정하지 마세요. 제가 지나간 길에 남겨 둔 그늘, 제가 주고받은 작은 당과 미네랄, 제가 부드럽게 비켜 선 그 자리가 다음 숨을 살릴 거예요. 보이지 않는 뿌리의 문장으로, 저는 계속 대답하겠습니다.

산할아버지, 이제 저는 나침반을 들었습니다. 빛보다 흙의 속삭임으로 가는 나침반. 저는 그 나침반으로 '여기'의 의미를 오래, 깊게 가리키겠습니다.

상수 올림

▲ 산할아버지의 답장

　사랑하는 상수야, 너의 편지를 읽으며 나는 마음 깊은 곳이 따뜻해졌단다. 이제 너는 빛만이 아니라 흙의 목소리까지 들을 줄 아는구나. 뿌리가 세계를 읽는 법을 너는 몸으로 알게 됐네.

　생물학적으로, 네가 말한 그 돌멩이 같은 전분 알갱이는 '중력'을 알려 주는 나침반이고, 뿌리 세포의 전기 번쩍임은 길을 고르는 두뇌 없는 두뇌의 대화란다. 생태적으로, 네가 잡은 실 같은 손길은 균사의 악수이고, 그 악수는 숲을 하나로 묶는 가장 깊은 약속이지. 철학적으로, 네가 다짐한 "흔적이 다음 숨을 살린다"는 말은 숲의 윤리를 네 몸으로 새긴 문장이야.

　살아간다는 건 사라진 뒤에도 관계로 남아 합창을 잇는 일이지. 얘야, 이제 더 이상 가르칠 것이 없구나. 너의 뿌리가 네 나침반이 되었어. 네가 어디로 뻗든, 그 길 위에는 이미 숲의 문장이 쓰여 있을 것이다.
　　　　　　　　　　흙 속에서 언제나 네 곁에 있는

　　　　　　　　　　　　산할아버지가

마치는 글

씨앗은 벽을 세우기보다 관계를 엮어 집을 연다. 새의 배가 스친 자리에는 비옥한 마당이 생기고, 이끼와 낙엽은 잠시의 지붕이 된다. 숲의 경계는 숨구멍이다. 바람이 들고, 빛이 기울고, 타자의 시간이 드나드는 통로. 좋은 집은 크게 오래 버티기보다 맞게 머물고 아름답게 떠나는 법을 배운다. 떠난 자리의 흔적이 길이 되고, 길 위의 흔적이 다시 집을 부른다. 이것이 공명이다.

상수의 마지막 편지

사랑하는 산할아버지, 저는 머무는 법을 익혔어요. 뿌리는 흙 결을 따라 방을 나누고, 가지는 빛 결을 따라 창을 엽니다.

떠날 때는 그늘·낙엽·씨앗의 배열로 다음 거처의 밑그림을 남겨요. 오늘도 누군가 제 그늘에서 쉬었고, 누군가 제 낙엽 위에 집을 지었어요. 저는 집이 되었다가 길이 되고, 다시 씨앗으로 돌아가려 합니다.

상수 올림

▲ 산할아버지의 마지막 답장

옳구나. 상수야, **집은 장소를 넘어 관계다**. 뿌리는 물과 흙의 결을 따라 방(뿌리줄기 구조)을 설계하고, 가지는 계절의 빛으로 창(수관)을 연다. 네가 남긴 그늘·낙엽·씨앗은 곤충과 균, 새와 흙에게 임시의 거처가 되어 생을 잇게 한다. 머물 땐 알맞게, 떠날 땐 아름답게. 이 리듬이 숲과 공명할 때, 너의 삶은 많은 존재의 집이 된다. 이제 남긴 집과 길이 어떤 시로 돌아오는지, 조용히 들어 보자.

너를 사랑하는 산할아버지가

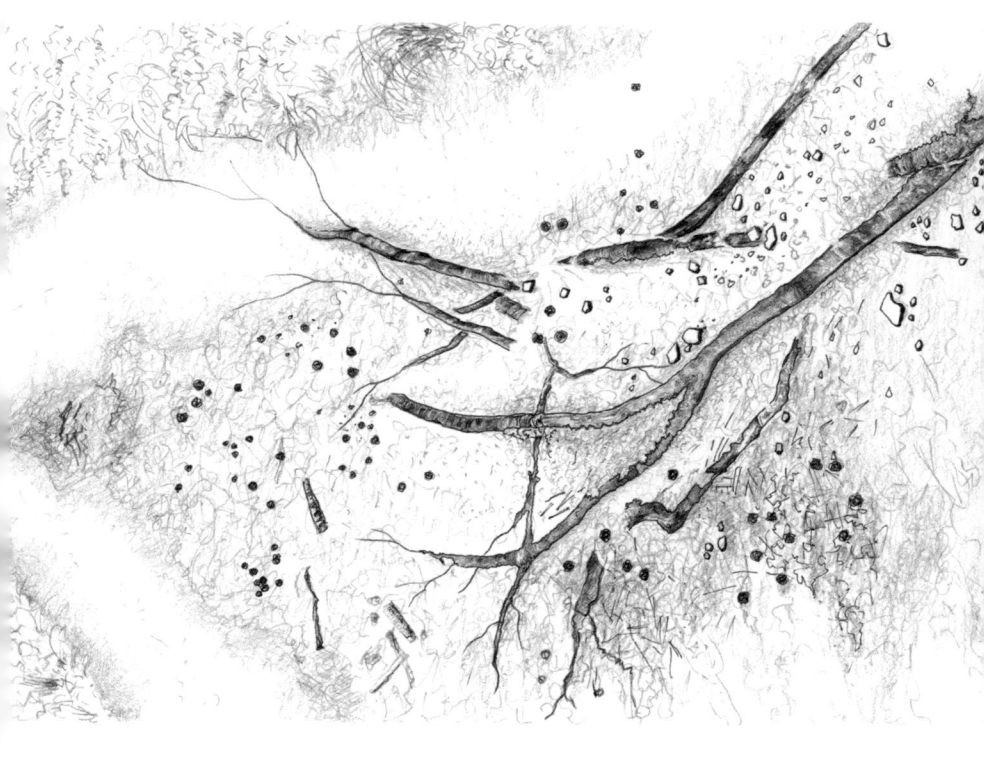

뿌리
토양의 습도, 영양분, 미세한 화학 신호까지 읽어 내며
뿌리는 세계 지도를 그린다.

에필로그

씨앗 앞에서, 저는 비로소 저를 읽습니다

젊은 날에는 숲을 연구한다는 핑계로, 사실은 그 안에서 저 자신을 찾고 있었습니다. 나무의 숨결을 공식으로, 씨앗의 침묵을 수치로 옮기려 했지만, 결국 그 모든 기록이 저를 향한 질문이었음을 이제야 압니다.

그때는 나무의 생리와 구조, 광합성의 반응 속도, 계절에 따른 나무들의 변화를 분석하며 숲의 언어를 과학의 문법으로만 번역하려 했습니다. 지금은 조금 다릅니다. 숲을 걸으며 더 이상 '답'을 찾지 않습니다. 대신 느린 질문들을 곱씹습니다.

왜 씨앗은 그토록 단단하면서도 여릴까.
왜 생명은 언제나 작고 조용한 것에서 시작될까.

돌아보면, 제 삶도 하나의 씨앗이었습니다. 젊은 날의 분주함은 씨앗 속에 저장된 녹말 같았고, 어떤 계절에는 뿌리를 내리려 애썼으며, 또 어떤 계절에는 줄기를 세워 세상을 향해 몸을 열었습니다.

　이제 저는 압니다. 모든 생명은 다시 씨앗으로 돌아간다는 것을요. 다시 작아지고, 다시 고요해지고, 다시 어둠 속에서 한 번도 써 보지 않은 새로운 계절을 기다린다는 것을요.

　씨앗은 저를 닮았습니다. 아니, 어쩌면 저는 지금껏 제 안의 씨앗을 이해하기 위해 자연을 공부해 온 것인지도 모르겠습니다.

　이 책을 쓰는 동안 저는 '산할아버지'로서의 역할을 맡았습니다. 제자이자 손자이자, 아직 세상을 배우는 어린 존재들의 호기심과 궁금증을 해결해 주는 시간이 참 즐거웠습니다. 그들의 편지에 하나하나 답장을 쓰며, 저 또한 다시 어린 시절의 마음으로 돌아가곤 했습니다.

　그렇게 오간 이야기들이 결국 『우리는 모두 씨앗이다』라는 이름으로 피어났습니다. 이러한 시도가 독자 여러분께도 독특한 울림으로 가닿기를 바랍니다. 특히 긴 인생에서 '씨앗'에 해당하는 어린이와 청소년들에게, 이 책이 생명과 자연을 바라보는 첫 창문이 되어 주기를 바랍니다.

　책을 미리 읽어 주신 숲교육전문가 분들께도 깊이 감사드립니다. 어느 책에서도 시도하지 않았던 형식과 내용이라며 찬사를 보내 주신 말씀들이 큰 힘이 되었습니다.

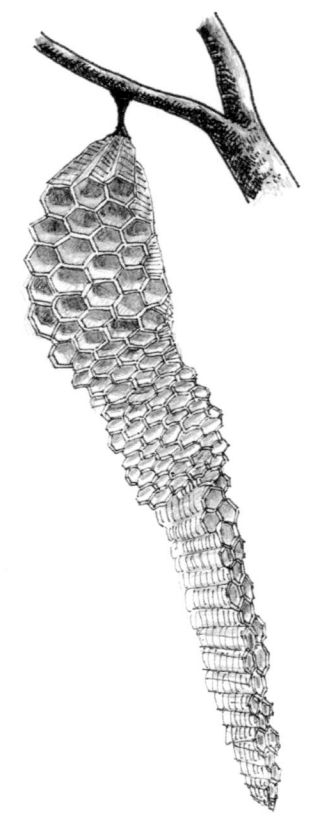

뱀허물쌍살벌 벌집
생은 완성으로 끝나지 않는다.
떠난 자리가 또 하나의 집이 되고, 버려진 껍질이 숲의 기억이 된다.
그 빈 공간이야말로 생명의 또 다른 형태다.

이 책이 자연과학을 조금 더 편안하고 따뜻하게 읽고자 하는 성인 독자분들께도 작은 선물처럼 다가가길 바랍니다.

씨앗은 말이 없지만, 그 침묵 안에 우주를 품고 있습니다. 저는 이제 그 씨앗의 언어를 듣는 법을 조금은 배운 것 같습니다.

우리는 많은 것을 소유하지 않아도 괜찮습니다. 한 알의 씨앗이면 충분합니다. 그 안에는 다시 살아갈 이유, 다시 사랑할 준비, 다시 용서할 용기가 모두 들어 있으니까요.

그리고 언젠가, 제가 완전히 사라진 뒤에도, 숲의 한편 어딘가 따뜻한 흙 아래에서 제가 품었던 그 작은 씨앗이 다시 몸을 열고 일어설 것입니다. 그렇게 삶은 사라지지 않습니다. 그저 다시, 씨앗이 됩니다.

그래서 저는, 이 책을 『우리는 모두 씨앗이다』라 부르기로 했습니다.

2025년 10월, 마인바움

남 효 창

부록

생각노트_ 씨앗의 물음표

◀ 일러두기 ▶

1. 청소년이 이해하고 답할 수 있도록 부모·교사가 함께 이끌어 주세요.
2. 이 책을 읽은 독자라면 누구나 고민할 수 있는 질문입니다.
   독서모임 등에서 활용해 주실 것을 추천드립니다.
3. 4. 조금 더 깊은 차원의 물음입니다. 숲교육전문가들이 활용해 주시면 좋겠습니다.

1부 _ 씨앗이 깨어나는 시간

숲을 품은 존재를 만나다

결단; 낙엽을 뚫고 나온 존재 ——— 15

1. 씨앗은 왜 빛을 향하기 전에 어둠 속으로 내려갈까요?
2. 모든 씨앗이 같은 시기에 싹트지 않습니다. 이 사실은 숲에 어떤 의미가 있을까요?
3. 씨앗의 '불완전한 조건 속 결심'은 인간 존재의 시작과 어떤 공명을 이루나요?

다름; 씨앗은 다르게 깨어난다 ——— 21

1. 모든 씨앗이 같은 순간에 깨어난다면 숲은 어떻게 달라질까요?
2. "숲의 질서는 퍼즐이 아니라 레고"라는 말이 있습니다. 이는 무슨 뜻일까요?
3. 씨앗이 품은 '나만의 깨어남'은 인간의 삶에서 무엇과 닮아 있을까요?

조율; 서로 다른 자리에서, 함께 살아가는 방식 ~~~~ 25

1. 숲의 생명들은 왜 충돌하지 않고 살아갈 수 있을까요?
2. 민들레가 보여 주는 서로 다른 전략은 인간 사회에 어떤 비유가 될 수 있을까요?
3. "숲은 악보를 맞추지 않는다. 그저 각자의 타이밍을 허락할 뿐이다." 이 말은 생명의 본질을 어떻게 드러내나요?

전환; 조율이 빗나갔을 때, 갈등을 넘는 숲의 방식 ~~ 31

1. 숲에서 실패한 씨앗은 정말 '실패'라고 할 수 있을까요?
2. 왜 어떤 씨앗은 당장 발아하지 않고, 먼 미래나 특별한 조건을 기다릴까요?
3. '숲이 실패를 토양으로 바꾼다'는 원리는 인간 사회에도 적용될 수 있을까요?

기다림; 침묵 속에서 시간을 듣는 씨앗처럼 ~~~~~~ 38

1. 씨앗은 왜 기다려야 할까요?
2. 침묵과 기다림은 멈춤일까요, 준비일까요?
3. 내 안의 시계와 세상의 시계가 다를 때, 우리는 무엇을 따라야 할까요?

결심; 움직임은 침묵에서 시작된다 ─── 43

1. 씨앗의 침묵 속 움직임은 왜 눈에 보이지 않을까요?
2. 우리가 경험하는 '겉으로는 멈춘 듯 보이지만 안에서는 이미 시작된 순간'은 무엇일까요?
3. 생명의 움직임은 운명일까요, 아니면 결심일까요?

악수; 처음 마주하는 세계 ─── 47

1. 씨앗은 흙과 처음 맞닿는 순간을 맞이합니다. 그것을 '용기'라고 할 수 있을까요? 그렇다면 그 이유는 무엇일까요?
2. 씨앗이 처음 흙을 만나는 순간과, 우리가 삶에서 처음 무언가를 마주하는 순간은 어떻게 닮아 있을까요?
3. '낯선 세계와의 첫 관계가 존재를 바꾼다'라는 말은 무슨 뜻일까요? 만약 그렇다면 왜일까요?

감각; 잎보다 먼저 감각이 열린다 ─── 51

1. 왜 씨앗은 잎보다 뿌리, 그리고 감각을 먼저 열까요?
2. 우리는 언제 언어보다 감각으로 먼저 세상을 만날까요?
3. 보이지 않는 감각이 삶의 방향을 결정한다면, 우리는 얼

마냐 '의식적인 존재'일까요?

응답; 피어난다는 것은 말 없는 대답 ～～～～～ 57

1. 씨앗은 왜 '허락' 대신 '반응'으로 피어날까요?
2. 말보다 몸이 먼저 말하는 순간, 그것은 신뢰할 만한가요?
3. 피어남은 '의지'인가요? '응답'인가요? '의지'나 '응답'의 주체는 어디에 있나요?

멋짐; 씨앗은 멋지다 ～～～～～～～～～～ 61

1. 씨앗의 어떤 점이 가장 멋지다고 생각하나요?
2. 씨앗처럼 '자기 리듬을 지킨다'는 것은 우리의 삶에서 어떤 의미일까요?
3. "작은 중심이 세상을 바꾼다"는 말은 어떻게 가능할까요?

2부 _ 씨앗을 들여다보다

작지만 완전한 생명, 그들의 전략

대화; 소리를 남기지 않는 말 ──── 73

1. 여러분에게는 말보다 행동이 더 깊이 전해졌던 경험이 있나요?
2. 숲의 언어처럼, 우리 사회에서도 소리 없는 행동이 진짜 변화를 만들 수 있을까요?
3. "말은 사라지고 행동은 남는다"고 할 때, 우리는 결국 '말'보다 '행동'으로만 정의되는 존재일까요?

광합성; 나무 한 그루가 감당하는 빛의 무게 ──── 78

1. 한 알의 씨앗에 담긴 '어미 나무의 시간'을 떠올리며, 우리 삶 속의 '농축된 결정체'는 무엇일까요?
2. 광합성을 '매일 반복된 기도'로 비유한다면, 우리의 일상에서 그런 기도 같은 반복은 무엇일까요?
3. 생명의 본질은 '빛을 저장해 다른 생명을 준비하는 것'이라면, 인간에게도 타인을 위해 저장하고 내어 주는 본질적인 행위가 있을까요?

자리; 생명의 배치와 운명의 리듬 ──────── 83

1. 씨앗의 '자리'는 왜 발아와 생존에 중요한가요?
2. 삶에서 '주어진 자리'는 불공평할까요? 아니면 전략일까요?
3. 운명을 결정짓는 것은 '자리'인가요, 아니면 '자리 해석'인가요?

관계; 연결, 책임, 그리고 끝없는 헌신 ──────── 90

1. 식물의 '거리 두기' 전략(타감작용)은 우리 사회의 갈등 해소 방식과 어떤 점이 닮았을까요? (예: 경쟁이 아니라 서로를 살리기 위한 간격 두기)
2. 보이지 않는 헌신은 왜 말보다 오래 남을까요? (부모와 자식, 스승과 제자, 공동체와 개인의 관계에 빗대어 사유)
3. 우리는 타인의 자유를 존중하는 동시에, 어떻게 나의 자유를 끝까지 지킬 수 있을까요? (스피노자의 말과 숲의 생태학을 접목해 토론)

전략; 나무들이 발명한 생존과 순환의 기술 ──────── 96

1. 씨앗의 생존전략 (①풍산포 전략, ②부착 산포 전략, ③내생

산포 전략, ④탄성 산포 전략) 중 내가 가장 멋지다고 생각하는 것은 무엇인가요?
2. 씨앗의 전략은 단순한 생존일까요, 아니면 삶을 설계하는 지혜일까요?
3. 씨앗이 이미 과학을 실험하고 있었다면, 인간의 과학과 문명은 결국 씨앗에게서 배운 것일까요?

제1회 씨앗 생존전략 자랑대회 ———————— 101
1. 만일 내가 씨앗이라면, 어떤 생존 전략을 쓸까요?
2. 씨앗들이 각자 다른 방식으로 멀리 가고 살아남듯, 우리도 저마다 다른 방식으로 삶을 이어 갑니다. 지금 당신이 살아가는 방식은 어떤 씨앗의 전략과 닮아 있나요?
3. 씨앗의 전략은 결국 '다음 세대의 숲을 만드는 일'에 있습니다. 그렇다면 인간에게 있어 '씨앗을 퍼뜨린다'는 것은 무엇을 의미할까요? 내가 남길 수 있는 씨앗, 즉 다음 세대에 전해 줄 수 있는 가장 중요한 것은 무엇일까요?

제2회 씨앗 생존전략 자랑대회 ~~~~~~~~~~~~~~~~ 114

1. 혼자 힘으로는 갈 수 없는 길, 우연이나 타인의 도움을 받아 간 경험이 우리에게 어떤 의미였을까요? (민들레가 바람을 타고, 버찌가 새의 몸을 빌리듯, 우리도 누군가의 도움 덕분에 도달한 순간들을 돌아보는 대화)

2. 의존과 협력은 어떻게 다를까요? 남에게 기대는 것과 함께 살아남는 것 사이의 경계는 어디에 있을까요? (씨앗과 들쥐의 관계처럼 겉으로는 포식 같지만 사실은 상호이익이 숨어 있는 상황을 두고, 인간관계에 빗대어 토론)

3. 내가 누군가에게 남긴 '씨앗'은 무엇일까요? 그리고 내가 지금 품고 있는 씨앗은 누구의 흔적일까요?

문명; 인간과 손을 잡은 씨앗들 ~~~~~~~~~~~~~~ 119

1. 씨앗과 인간의 관계는 '협력'일까요, '길들이기'일까요?

2. 하나를 탁월하게 잘하는 것이 여러 가지를 골고루 잘하는 것보다 중요할까요?

3. 숲은 불완전한 교환 속에서 유지됩니다. 그렇다면 인간 사회도 완벽한 정의나 공평함보다, 불완전한 주고받음 속에서 유지되는 것일까요? 우리가 감당해야 할 '불완전한 관계의 윤리'란 무엇일까요?

휴면; 생존의 시계, 깨어나지 않는 씨앗들 ~~~~~~ 124

1. 인간의 삶에서 '휴면기' 같은 시간이 있었나요? 겉으론 멈춘 것 같았지만, 속에선 준비되고 있던 순간 말입니다.

2. 씨앗처럼 '아직 아니다'라고 말하는 지혜가 필요할 순간이 있습니다. 우리는 어떻게 '때를 기다리는 용기'를 배울 수 있을까요?

3. 모든 씨앗이 동시에 싹트지 않기에 숲이 지속되듯, 인간 사회에서도 '불균등한 시작'이 오히려 전체의 생존을 지탱할 수 있을까요? 그렇다면 개인의 기다림과 공동체의 리듬은 어떻게 연결될까요?

재도전; 숲이 실패를 쓰는 법 ~~~~~~ 130

1. 내 삶에서 실패가 오히려 다른 가능성의 토양이 되어 준 경험이 있었나요?

2. 숲은 성공률을 높이기보다 '시도 횟수'를 늘립니다. 인간 사회도 이런 전략을 배울 수 있을까요? 예를 들어 교육·창업·관계 같은 영역에서요.

3. 숲은 실패를 개인의 문제가 아니라 집단·생태계 전체의 리듬으로 전환합니다. 인간 사회에서도 '개인의 실패'를 공동체가 흡수할 수 있을까요?

3부 _ 침묵이 말이 되는 순간

보이지 않는 대화의 힘

흩어짐; 생명의 첫 윤리 —————— 146

1. 나는 살아남지는 못했지만, 누군가를 살린 경험이 있나요? (힘들어하다가 내 이야기를 나누었는데, 그게 누군가에게 위로가 된 순간 등)

2. 인간 사회에서도 '실패'라는 말 대신 '기여'라는 개념으로 바꿔 부를 수 있을까요? 그렇다면 어디에 적용할 수 있을까요?

3. 숲은 개체의 생존보다 공동체의 지속을 우선합니다. 인간 사회도 '개인의 성공'보다 '공동체의 기여'를 기준으로 삼을 수 있을까요? 그럴 경우, 자유와 개성은 어떻게 지켜질까요?

보시; 내어줌의 생태학 —————— 151

1. 살아남는 삶과 남기는 삶 중 어떤 것을 더 중요하게 생각하나요?

2. 자신을 지키기보다 내어 주는 것이 더 큰 힘을 만든 사례를

경험한 적 있나요?

3. 숲의 보시 윤리를 현대 사회에 적용한다면, 우리가 바꿔야 할 생활 방식이나 사회 구조는 무엇일까요?

순환; 죽은 씨앗들의 회로 ~~~~~~~~~~~~~~~~~~~~~~~~ 157

1. 도토리가 발아하지 못했을 때 그것을 '죽음'이라 부를 수 있을까요? 아니면, 애벌레·새·곰팡이·흙을 살린 '다른 삶의 시작'일까요?

2. 인간의 죽음이나 실패도, '개인의 끝'이 아니라 '다른 이의 출발점'일 수 있다는 관점으로 확장할 수 있을까요?

3. 도토리는 애벌레의 삶을 열고, 애벌레는 새의 삶을 지탱하고, 새는 또 다른 포식자의 에너지가 됩니다. 그렇다면 인간은 숲의 회로 속에서 어떤 자리일까요? 소비자일까요, 파괴자일까요, 아니면 회복의 매개자일까요?

4. 숲에서는 모든 죽음이 '분기점'이 되지만, 인간 사회에서는 쓰레기·자원 고갈 같은 '막힌 회로'가 점점 많아지고 있습니다. 우리는 숲처럼 '죽음조차 기여하는 순환'을 사회와 문명 속에 어떻게 도입할 수 있을까요?

경제학; 꽃가루처럼 쏟아지는 생명들 ──── 166

1. 숲은 99퍼센트의 '낭비'를 실패가 아니라 순환과 기여로 해석합니다. 반대로 인간 사회는 손실을 두려워하고, 효율만을 추구하죠. 우리는 숲처럼 '적자 없는 적자'의 회계를 사회와 경제에 적용할 수 있을까요?
2. 씨앗은 자신이 살아남지 않아도 숲 전체에 기여합니다. 인간의 삶에서도, 내가 성공하지 않아도 남기는 기여가 있다면 그것을 '성공'이라 할 수 있을까요?
3. 숲의 법칙은 '너 혼자 살면 숲은 죽는다'입니다. 현대 사회는 개인의 성취를 강조하지만, 사실 분산과 나눔이 더 큰 생명을 살립니다. 우리는 공동체적 차원에서 '흩어짐과 나눔'을 어떻게 다시 해석할 수 있을까요?

납세; 숲은 조세 공동체다 ──── 172

1. 나무도 세금을 낸다고 말할 수 있을까요?
2. 숲의 세금 시스템은 인간 사회의 세금 제도와 어떻게 다른가요?
3. 숲의 납세 철학은 인간 문명의 지속 가능성을 어떻게 비추나요?

유통망; 숲의 세금이 흘러가는 길 ~~~~~~~~~ 180

1. 숲에서는 씨앗과 영양분이라는 세금이 끊임없이 순환하며 가치가 증폭됩니다. 반면 인간 사회의 경제는 종종 '멈춘 자본'이나 '독점'이 문제죠. 우리는 숲의 철학처럼 '흐르는 자원'을 인간 경제에 적용할 수 있을까요?

2. 균근 네트워크, 개미·다람쥐·새의 이동 경로, 분해자들의 순환…. 대부분 눈에 보이지 않지만, 숲을 유지하는 핵심은 바로 이 '보이지 않는 연결망'입니다. 인간 사회에서 눈에 보이지 않는 돌봄·관계·연대는 어떤 역할을 하고 있나요? 그것을 어떻게 더 인정하고 지켜 낼 수 있을까요?

3. 숲은 '흐르지 않는 세금은 썩는다'는 원리로 운영됩니다. 자원은 고여 있으면 부패하지만, 흐르면 생명을 살립니다. 우리 개인의 삶에서도, 지식·재산·시간·재능은 고여 있을 때와 흘러갈 때 어떤 차이를 만들까요?

사라짐; 완성의 또 다른 이름 ~~~~~~~~~ 185

1. 씨앗은 사라지지만, 그 유산이 숲을 살립니다. 우리는 종종 '남아 있는 것'만 성공이라 여기는데, 씨앗은 '남김으로써 사라짐'이야말로 완성이라 말합니다. 인간의 삶에서,

사라짐과 남김은 어떤 차이와 의미를 갖는 걸까요?

2. 우리가 먹는 쌀 한 톨, 커피 한 잔 뒤에도 수많은 씨앗의 죽음과 기부가 있습니다. 하지만 우리는 그것을 거의 기억하지 못합니다. 우리 사회에서 '기억되지 않는 헌신'은 어떤 모습으로 존재하고, 우리는 그것을 어떻게 존중해야 할까요?

3. 숲은 씨앗의 죽음과 나눔을 통해 유지됩니다. 이 원리를 인간 사회에 대입하면, 개인의 '완성'은 자신만의 성취가 아니라, 공동체에 무엇을 남겼는가로 측정될지도 모릅니다. 우리 공동체는 이 '사라짐의 윤리'를 어떻게 배워야 할까요?

악보; 숲의 리듬을 짓는 빛의 속삭임 ～～～～～～ 191

1. 씨앗은 빛에 반응하면서도 단 한마디도 하지 않습니다. 하지만 그 침묵 속 반응이야말로 생명의 첫 언어입니다. 인간 사회에서도, 말이 아닌 '몸의 반응' '침묵의 태도'가 언어가 될 수 있을까요?

2. 씨앗은 빛의 색과 길이, 방향까지 읽어 내며 생존을 조율합니다. 인간의 삶에서 '빛'처럼 보이지 않지만 우리를 움직이는 신호는 무엇일까요? (예: 타인의 표정, 환경의

기류, 사회적 분위기 등)

3. 씨앗의 첫 문장은 "나는 여기에 있다"라는 소리 없는 반응입니다. 인간의 삶에서 '존재의 첫 문장'은 어떤 순간, 어떤 반응일까요? 태어난 울음일까요, 첫 관계일까요, 아니면 나 자신을 자각하는 어떤 순간일까요?

교향곡; 숲의 호르몬 오케스트라 ~~~~~~~ 196

1. 씨앗은 같은 나무에서 떨어져도 속도가 다 다르고, 그 느림이 오히려 종 전체를 지키는 힘이 됩니다. 사회 속에서 '뒤처짐'으로 보이는 것이, 사실은 자기만의 생존전략일 수 있다는 생각을 어떻게 받아들일 수 있을까요?

2. 씨앗은 지베렐린과 앱시스산이라는 내적·외적 신호의 균형을 통해 움직일 순간을 결정합니다. 사람은 내면의 직관, 사회의 압력, 관계의 온도 등 어떤 신호를 기준으로 멈추거나 움직여야 할까요?

3. 씨앗의 분산 발아는 단순히 자기 생존만을 위한 것이 아니라, 종 전체가 한번에 무너지지 않게 하기 위한 전략입니다. 그렇다면 개인이 '자기 속도'를 지킨다는 것은 단순히 자기만을 위한 선택일까요, 아니면 공동체를 위한 기여일까요?

유혹; 향기와 맛의 초대장 ——————— 203

1. 씨앗은 동물을 단순히 이용하는 게 아니라, 서로 이득을 주고받는 교환을 만들어 냅니다. 인간 사회에서 매력·설득·호감 같은 요소는 단순한 조작일까요, 아니면 관계를 이어 주는 자연스러운 대화일까요?

2. 씨앗은 밀거나 당기지 않고, 그저 향과 맛으로 동물을 불러옵니다. 사람 사이에서도 강제와 통제보다 '끌림'과 '자발성'이 더 지속적이고 강력한 힘일까요?

3. 씨앗은 향기를 통해 자신을 드러내지만, 동시에 씨앗 스스로가 준비되지 않으면 향이 나지 않습니다. 우리 각자도 세상에 어떤 '향기'를 내고 있을까요? 그것은 의도된 것일까요, 아니면 무심히 흘러나오는 진짜 자아일까요?

4부 _ 씨앗은 관계를 남긴다

생명을 감싸고 이어 주는 구조들에 대하여

이동; 생명을 움직이게 하는 존재들 ~~~~~~~~ 213

1. 우리가 흔히 씨앗을 고정된 형태로만 이해하지만, 오소리처럼 다른 생명을 옮기고 키워 내는 존재도 씨앗이라고 할 수 있을까요?

2. 씨앗의 껍질이 보호와 이동을 위한 구조인 것처럼, 인간에게 관계는 어떤 껍질이 될까요? 관계는 우리를 보호할까요? 혹은 새로운 곳으로 옮겨 주는 이동 장치일까요?

3. 오소리는 자신이 씨앗을 퍼뜨린다는 걸 모르지만, 숲은 그의 움직임으로 완성됩니다. 그렇다면 인간도 의식하지 못하는 순간에 누군가의 '씨앗'이 될 수 있을까요?

건축; 씨앗의 외부화와 관계 맺음 ~~~~~~~~ 220

1. 씨앗은 원래 껍질 속 생명인데, 곤충들의 집짓기와 관계적 구조까지 '씨앗의 외부화'로 볼 수 있을까요?

2. 진딧물이 나뭇잎을 설득해 충영을 만든 것처럼, 인간도 서로의 맘과 사회 속에서 씨앗 같은 공간을 짓는 걸까요?

3. 벌집은 벌이 떠난 뒤에도 다른 곤충의 집이 되고, 결국 토양으로 돌아갑니다. 그렇다면 한 번 쓰이고 버려진 '집'도 여전히 씨앗의 흔적일까요? 아니면 또 다른 생명의 시작점일까요?

확장; 생존의 리듬, 관계 맺는 씨앗들 ~~~~~~~~ 227

1. 인간에게 위협이 되기도 하지만, 동시에 숲 재생의 중요한 매개자이기도 한 멧돼지의 역할을 어떻게 바라봐야 할까요? (생태계의 균형과 인간의 시각 사이의 차이)
2. 껍질이 아니라, 동물·곤충·균류 같은 타자의 삶에 기대어 생존하는 씨앗의 방식은 무엇을 말해 줄까요?
3. 씨앗이 숲의 느린 박자 속에서 관계로 확장될 때, 우리가 흔히 말하는 '적자생존'은 충분한 설명이 될까요? 아니면 숲은 '협력생존'의 장일까요?

임시 거주; 스몰하우징의 철학 ~~~~~~~~ 232

1. 인간은 영구적이고 큰 집을 짓지만, 숲의 생명들은 임시적이고 가벼운 집을 짓지요. 우리는 왜 집을 떠날 수 없는 구조로 고정해 버렸을까요?

2. 작은 집, 임시적인 집은 인간에게 '불안'의 상징이 될 수 있지만, 숲에서는 오히려 충분함과 자유의 방식이 됩니다. 그러면 '충분하다'는 기준은 어디서 오는 걸까요?
3. 숲의 집은 흐름 속에서 완성되고, 인간의 집은 고정 속에서 안정됩니다. 그러나 안정이 흐름을 잊게 한다면, 우리는 어떤 대가를 치르고 있는 걸까요?

흐름; 사례로 읽는 숲의 임시 건축술 ~~~~~~~~~~~~ 236

1. 숲의 집들은 언제나 잠시 머무르고, 떠날 준비가 되어 있습니다. 그런데 인간은 떠나지 못할 영구 구조를 만들고, 그 안에 스스로를 가둡니다. 그렇다면 '안정'과 '속박'은 어디에서 갈리는 걸까요?
2. 숲의 집들은 빛·수분·계절·관계에 따라 만들어지고, 또 쉽게 무너집니다. 인간이 설계한 건축은 조건과 무관하게 고정된 형태를 추구합니다. 그렇다면 우리는 조건적 구조의 지혜를 어디까지 받아들일 수 있을까요?
3. 버려진 벌집, 닫혔다 열리는 충영, 붉은머리오목눈이의 빈 둥지… 이 흔적들은 새로운 생명과 시간을 이어 줍니다. 인간의 건축도 무너진 후에는 흔적으로 남을 뿐인데, 우리는 그 흔적을 어떻게 받아들여야 할까요?

떠남; 씨앗을 닮은 집 ～～～～～～～～～～～～～～～ 243

1. 씨앗은 자기 몸으로, 나방은 타자의 몸으로. 두 방식 중 어느 쪽이 더 근본적인 '씨앗의 윤리'를 닮았을까요?
2. 나방의 집이 씨앗을 닮고, 씨앗은 때로 동물의 습성을 빌려 확산합니다. 이 닮음은 단순한 우연일까요, 아니면 생명의 본질적인 전략일까요?
3. 나방의 집, 씨앗의 껍질 모두 '떠날 준비된 구조'입니다. 인간은 떠나지 못하는 집을 짓지만, 생명은 왜 떠남을 전제로 집을 설계할까요?

흔적; 씨앗이 남긴 초대장 ～～～～～～～～～～～～～ 249

1. 씨앗의 껍질처럼, 우리 삶의 흔적은 단순히 소멸되는 걸까요? 아니면 다른 생명을 위한 기반으로 전환되는 걸까요?
2. 떠남 이후의 자리를 상실로만 볼 수 있을까요? 혹은 새로운 관계가 태어나는 '자리의 전환'으로 볼 수 있을까요?
3. 씨앗이 물질적 흔적을 남기듯, 인간도 말투·손길·기억의 방식으로 흔적을 남깁니다. 우리는 의식적으로 어떤 흔적을 남기며 살아가고 있을까요?

경계와 자각; 숲에서 타자가 된다는 감각 ——————— 254

1. 인간은 숲에서 늘 타자일까요? 일부가 될 수도 있을까요?
2. 경계받는다는 감각은 왜 중요한가요?

    (생태 윤리와도 직접 연결)

3. 숲이 우리 인간을 어떻게 기록할까요?

    (자연의 언어 속에서 인간의 위치를 묻는 질문)

멈춤; 살지 못한 씨앗들 ——————— 261

1. 자라지 못한 생명도 생태계 안에서 의미를 가진다는 관점을, 인간 사회의 실패·낙오와 어떻게 연결할 수 있을까요?
2. 자연은 '성공/실패'라는 이분법 대신 '변환/전환'이라는 언어로 기록합니다. 우리는 왜 여전히 성과 중심의 언어에 갇혀 있을까요?
3. 자연의 흔적과 인간의 기억은 어떻게 닮아 있을까요?

뿌리; 보이지 않는 세계를 읽는 법 ——————— 266

1. 씨앗은 자신을 다 써서 사라지지만, 그 사라짐은 다른 생명의 시작이 됩니다. 우리는 죽음과 소멸을 두려워하지만, 숲은 그것을 '유산'이자 '완성'으로 기록합니다. 인간 사

회에서 '사라짐'을 어떻게 받아들여야 할까요? 소멸은 상실일까요? 아니면 관계 속에서 이어지는 또 다른 삶의 방식일까요?

2. 뿌리는 땅속에서, 씨앗은 껍질 너머에서, 숲은 우드 와이드 웹을 통해 보이지 않는 관계를 맺습니다. 우리도 마찬가지로, 누군가의 위로·가르침·작은 손길이 보이지 않는 뿌리처럼 삶 속에 남아 꽃을 피웁니다. 눈앞에서 확인할 수 없는 관계와 흔적을 우리는 얼마나 신뢰할 수 있을까요? 보이지 않는 연결이야말로 진짜 기반이 아닐까요?

3. 씨앗은 환경 신호와 화학 시계를 읽으며, 때가 오기 전에는 결코 껍질을 깨지 않습니다. 우리 삶도 '남보다 빠름'이 아닌 '조건과 리듬의 맞음'이 중요할 때가 있습니다. 현대 사회에서 자기 속도를 지킨다는 것은 어떤 의미일까요? 타인의 기준과 속도 속에서 나의 문턱을 어떻게 설정할 수 있을까요?

4. 우리가 남기는 진짜 유산은 성취가 아니라, 보이지 않는 관계와 속도, 그리고 사라짐 이후에도 이어지는 흔적이 아닐까요?

참고문헌

1부 – 씨앗이 깨어나는 시간

Baskin, C.C., & Baskin, J.M. (2014). *Seeds: Ecology, biogeography, and evolution of dormancy and germination*(2nd ed.). Academic Press.

Bewley, J.D., Bradford, K.J., Hilhorst, H.W.M., & Nonogaki, H. (2013). *Seeds: Physiology of development, germination and dormancy*(3rd ed.). Springer.

Engel, G.S., Calhoun, T.R., Read, E.L., Ahn, T.-K., Mančal, T., Cheng, Y.-C., Blankenship, R.E., & Fleming, G.R. (2007). "Evidence for wavelike energy transfer through quantum coherence in photosynthetic systems". *Nature, 446*(7137). ; https://doi.org/10.1038/nature05678

Finch-Savage, W.E., & Leubner-Metzger, G. (2006). "Seed dormancy and the control of germination". *New Phytologist, 171*(3). ; https://doi.org/10.1111/j.1469-8137.2006.01787.x

Harper, J.L. (1977). *Population biology of plants*. Academic Press.

Harmer, S.L. (2009). "The circadian system in higher plants". *Annual Review of Plant Biology, 60*. ; https://doi.org/10.1146/annurev.arplant.043008.092054

Karssen, C.M., & Laçka, E. (1986). "A revision of the hormone balance theory of seed dormancy". *Annals of Botany, 57*(2). ; https://doi.org/10.1093/oxfordjournals.aob.a087102

Scholes, G.D. (2010). "Quantum-coherent electronic energy transfer: Did nature think of it first?". *The Journal of Physical Chemistry Letters, 1*(1). ; https://doi.org/10.1021/jz9000187

2부 – 씨앗을 들여다보다

Diamond, J. (1997). *Guns, germs, and steel: The fates of human societies*. W.W. Norton.

Fenner, M., & Thompson, K. (2005). *The ecology of seeds*. Cambridge University Press.

Harlan, J.R. (1992). *Crops and man*(2nd ed.). American Society of Agronomy.

Kiers, E.T., Duhamel, M., Beesetty, Y., Mensah, J.A., Franken, O., Verbruggen, E., … Bücking, H. (2011). "Reciprocal rewards stabilize cooperation in the mycorrhizal symbiosis". *Science, 333*(6044). ; https://doi.org/10.1126/science.1208473

Levin, S.A. (2005). "Self-organization and the emergence of complexity in ecological systems". *BioScience, 55*(12). ; https://doi.org/10.1641/0006-3568(2005)055[1075:SATOCO]2.0.CO;2

Simard, S.W., Perry, D.A., Jones, M.D., Myrold, D.D., Durall, D.M., & Molina, R. (1997). "Net transfer of carbon between ectomycorrhizal tree species in the field". *Nature, 388*(6642). ; https://doi.org/10.1038/41557

Vleeshouwers, L.M., Bouwmeester, H.J., & Karssen, C.M. (1995). "Redefining seed dormancy: An attempt to integrate physiology and ecology". *Journal of Ecology, 83*(6). ; https://doi.org/10.2307/2261181

Willis, C.G., Baskin, C.C., Baskin, J.M., Auld, J.R., Venable, D.L., Cavender-Bares, J., Donohue, K., de Casas, R.R., & The NESCent Germination Working Group. (2014). "The evolution of seed dormancy: Environmental cues, evolutionary hubs, and diversification of the seed plants". *New Phytologist, 203*(1). ; https://doi.org/10.1111/nph.12782

Zohary, D., Hopf, M., & Weiss, E. (2012). *Domestication of plants in the Old World*(4th ed.). Oxford University Press.

Costanza, R., d'Arge, R., de Groot, R., Farber, S., Grasso, M., Hannon, B.,⋯van den Belt, M. (1997). "The value of the world's ecosystem services and natural capital". *Nature, 387*(6630). ; https://doi.org/10.1038/387253a0

Daily, G.C., & Ehrlich, P.R. (1996). "Socioeconomic equity, sustainability, and Earth's carrying capacity". *Ecological Applications, 6*(4). ; https://doi.org/10.2307/2269590

Davies, P.J.(Ed.). (2010). *Plant hormones: Biosynthesis, signal transduction, action!*(3rd ed.). Springer.

Howe, H.F., & Smallwood, J. (1982). "Ecology of seed dispersal". *Annual Review of Ecology and Systematics, 13*(1). ; https://doi.org/10.1146/annurev.es.13.110182.001221

Janzen, D.H. (1970). "Herbivores and the number of tree species in tropical forests". *The American Naturalist, 104*(940). ; https://doi.org/10.1086/282687

Karban, R.(2015). *Plant sensing and communication.* University of Chicago Press.

Kreps, J.A., & Kay, S.A. (1997). "Coordination of plant metabolism and development by the circadian clock". Plant Cell, 9(7). ; https://doi.org/10.1105/tpc.9.7.1235

Naeem, S., Bunker, D.E., Hector, A., Loreau, M., & Perrings, C. (Eds.). (2009). *Biodiversity, ecosystem functioning, and human wellbeing: An ecological and economic perspective.* Oxford University Press.

Odum, E.P. (1969). "The strategy of ecosystem development". *cience, 164*(3877). ; https://doi.org/10.1126/science.164.3877.262

Raguso, R.A. (2008). "Wake up and smell the roses: The ecology and evolution of floral scent". *Annual Review of Ecology, Evolution, and Systematics, 39*(1). ; https://doi.org/10.1146/annurev.ecolsys.38.091206.095601

Schaefer, H.M., & Ruxton, G.D. (2011). *Plant-animal communica-*

tion. Oxford University Press.

Simard, S.W. (2018). "Mycorrhizal networks facilitate tree communication, learning, and memory". In M. Baluska & F. Witzany (Eds.), *Biocommunication of plants*. Springer. ; https://doi.org/10.1007/978-3-662-10354-0_12

Swift, M.J., Heal, O.W., & Anderson, J.M. (1979). *Decomposition in terrestrial ecosystems*. University of California Press.

Taiz, L., Zeiger, E., Møller, I.M., & Murphy, A. (2015). *Plant physiology and development*(6th ed.). Sinauer Associates.

Wardle, D.A. (2002). *Communities and ecosystems: Linking the aboveground and belowground components*. Princeton University Press.

4부 – 씨앗은 관계를 남긴다

Alexander, C., Ishikawa, S., & Silverstein, M. (1977). *A pattern language: Towns, buildings, construction*. Oxford University Press.

Baluska, F., & Mancuso, S. (2009). "Deep evolutionary origins of neurobiology in plants". *Plant Signaling & Behavior, 4*(6). ; https://doi.org/10.4161/psb.4.6.8788

Butler, J. (2004). *Precarious life: The powers of mourning and violence*. Verso.

Derrida, J. (1994). *Specters of Marx: The state of the debt, the work of mourning, and the new international*. Routledge.

Haraway, D. (2016). *Staying with the trouble: Making kin in the Chthulucene*. Duke University Press.

Howe, H.F., & Miriti, M.N. (2004). "When seed dispersal matters". *BioScience, 54*(7). ; https://doi.org/10.1641/0006-3568(2004)054[0651:WSDM]2.0.CO;2

Ingold, T. (2013). *Making: Anthropology, archaeology, art and architecture*. Routledge.

Janzen, D.H. (1980). "When is it coevolution?". *Evolution, 34*(3). ;

https://doi.org/10.1111/j.1558-5646.1980.tb04849.x

Levinas, E. (2018). *Time and the other*(R.A. Cohen, Trans.). Duquesne University Press. (원저1947).

Mancuso, S., & Viola, A. (2015). *Brilliant green: The surprising history and science of plant intelligence*. Island Press.

Pallasmaa, J. (2012). *The eyes of the skin: Architecture and the senses*(3rd ed.). Wiley.

Simard, S.W. (2021). *Finding the mother tree: Discovering the wisdom of the forest*. Alfred A. Knopf.

Trewavas, A. (2014). *Plant behaviour and intelligence*. Oxford University Press.

Zumthor, P. (2006). *Thinking architecture*(2nd ed.). Birkhäuser.

한국어 저서·역서

네스, A. (2005). 『에콜로지, 공동체, 생활양식』(김종철 옮김). 녹색평론사. (원저1989).

레비나스, E. (2011). 『전체성과 무한』(김동규 옮김). 한길사. (원저1961).

메를로퐁티, M. (2012). 『지각의 현상학』(최재희 옮김). 동문선. (원저1945).

서재영. (2007). 『선의 생태철학』. 동국대학교출판부.

야스퍼스, K. (2005). 『철학적 신앙』(이진우 옮김). 길. (원저1947).

장회익. (2019). 『자연철학 강의』. 교우사.

지오노, J. (2009). 『나무를 심은 사람』(김화영 옮김). 마음산책. (원저1953).

최재천. (2012). 『다윈지능』. 사이언스북스.

하이데거, M. (2006). 『존재와 시간』(전양범 옮김). 까치글방. (원저1927).

카프라, F. (1996). 『생명의 그물』(김용정 옮김). 범양사출판부.

러브록, J. (2006). 『가이아의 복수』(김동광 옮김). 세종서적.

릴케, R.M. (2014). 『두이노의 비가』(박찬길 옮김). 민음사. (원저1923).

윌슨, E.O. (2002). 『통섭』(최재천 옮김). 사이언스북스.

『우리는 모두 씨앗이다』를 먼저 읽고 찬사를 보낸 숲교육전문가 100인

강영애	강지현	고지은	권기화	김경옥	김명숙	김미숙
김미영	김민정	김새별	김서형	김선애	김선영	김수헌
김영순	김오영	김유유	김점자	김정은	김지영	김지원
김지은	김현정	김형환	김호규	김홍석	남문희	남종희
남형필	문갑용	박병오	박선영	박성원	박순희	박종숙
배이슬	백인엽	변갑주	서은정	서주리	서현경	손기복
손윤한	송미현	송해성	송현성	신종연	안상현	안영용
안정남	안정희	안준복	엄기붕	염경철	오숙경	옥수남
용현애	원지애	유기선	유지향	윤병길	윤혜선	이규원
이말순	이서영	이수근	이수양	이숙현	이아현	이여송
이인순	이주영	이 태	이해옥	임병철	임보리	임지정
전현정	정경미	정경진	정미현	정원연	정이채	정태성
정홍기	제현경	조경훈	조미정	조임호	조현하	최로사
최미순	최성순	최인렬	한광동	한미옥	허유미	홍영임
홍재훈	황병윤					

저마다의 속도로 숲을 향해 피어나는
우리는 모두 씨앗이다

초판 1쇄 펴낸날 2025년 11월 1일
초판 3쇄 펴낸날 2025년 11월 30일

지은이 남효창
그린이 조현하
펴낸이 서상미
펴낸곳 책이라는신화

기획이사 배경진·권해진
최초 원고 발굴·피드백 이해옥·전현정
기획·책임편집 박현주
디자인 오신곤(시고니아)
홍보 문수정·오수란·이무열·우수현
마케팅 이지은
제작 황찬영
독자 관리 이연희 **콘텐츠 관리** 김정일

독자위원장 민순현

출판등록 2021년 12월 22일(제2021-000188호)
주소 경기도 파주시 문발로119, 304호(문발동)
전화 031-955-2024·**팩스** 031-955-2025
블로그 blog.naver.com / chaegira_22
인스타그램 @chaegira_22
유튜브 책이라는신화 채널
전자우편 chaegira_22@naver.com

ⓒ남효창, 2025
ISBN 979-11-990256-9-1 03470

※ 잘못 만들어진 책은 구입하신 곳에서 바꿔드립니다.
※ 책값은 뒤표지에 있습니다.
※ 이 책의 내용을 인용하려면 반드시 저작권자와 책이라는신화 출판사의 동의를 받아야 합니다.

씨앗이 굳건히 뿌리내려 싹을 틔우고 무성한 잎을 내며 성장하는 이야기와 함께, 우리가 흙·빛·물 그리고 세상 만물과 어떻게 건강한 관계를 맺고 소통하며 살아갈 수 있는지 알려 주는 소중한 지침서. 숲에서 늘 함께하는 산할아버지 남효창 박사님의 깊은 통찰이 담겨 있다. 이 책이 우리 시대의 씨앗뿐 아니라 부모·스승 모두가 함께 읽어야 할 필독서로 자리매김하기를 기원한다.　　　　　　　**허유미, 숲해설가**

작은 씨앗 하나에 응축된 심오한 자연과학적 통찰과 삶의 철학을 통해, 우리에게 숲의 공존과 회복력에 대한 새로운 시각을 제시한다. 각기 다른 결단과 조율의 언어로 숲의 질서를 완성해 가는 생명의 이야기가 가슴 깊이 울림을 준다.
　　　　　　　강지현, 숲해설가

이 책을 통해 저자의 마음속 깊은 곳에서 오래 다져 온 결심이 비로소 발아한다. 그 순간을 숨죽여 기다리던 나의 심박수도 동시에 빨라진다. 이 책은 저자의 철학적 깊이와 유려한 비유가 어우러져 씨앗이 만들어 갈 숲의 교향곡 속으로 독자들을 초대한다.　　　　　　**김경옥, 숲해설가**

깃털 우산을 들고 날아가는 씨앗, 푹신푹신한 솜털 이불을 뒤집어쓴 씨앗, 딱딱한 껍질에 몸을 숨긴 씨앗까지. 생긴 것도 뿌리내릴 땅으로 떠나는 방법도 모두 다르다. 그러나 그들은 모두 같은 마음일 것이다. 깊고 단단하게 뿌리내리고 온몸으로 햇빛을 만나려는 마음. 씨앗들의 고요하고도 치열한 움직임이 책장을 넘길 때마다 나의 손끝으로 전해진다.

이서영, 숲해설가

어나더 레벨, 너무 귀한 책이다. 이 세상 사람 모두가 숲속 작은 씨앗 상수와 같은 마음을 지닐 수 있다면. 이 책을 읽는 동안 그런 유토피아를 꿈꾸었다.

김정은, 숲해설가

'나는 나를 다 써서 너를 살리러 왔다'여는 말에서부터 남효창 박사님의 이타적인 삶의 궤적을 느낄 수 있다. 이 책이 얼마나 귀한 책이 될는지 숲에 사는 독자 일인으로서 상상만으로도 즐거워진다.

한광동, 숲해설가